编辑委员会

乐平古戏台文化

蒋良善　程　慧◎著
中共乐平市委宣传部
乐平市文化广电旅游局◎编

江西人民出版社
Jiangxi People's Publishing House
全国百佳出版社

图书在版编目（CIP）数据

乐平古戏台文化 / 蒋良善，程慧著；中共乐平市委宣传部，乐平市文化广电旅游局编 . -- 南昌：江西人民出版社，2025.5

ISBN 978-7-210-15129-6

Ⅰ . ①乐… Ⅱ . ①蒋… ②程… ③中… ④乐… Ⅲ . ①舞台—介绍—乐平 Ⅳ . ① K928.715.64

中国国家版本馆 CIP 数据核字（2024）第 018284 号

乐平古戏台文化
LEPING GUXITAI WENHUA

蒋良善　程　慧　著
中共乐平市委宣传部
乐平市文化广电旅游局　编

策划编辑：吴卫东　梁　菁
责任编辑：章　虹
书籍设计：游　珑
排版设计：南昌一笔间文化有限公司

江西人民出版社
Jiangxi People's Publishing House
全国百佳出版社
出版发行

地　　址：江西省南昌市三经路 47 号附 1 号
网　　址：www.jxpph.com
电子信箱：jxpph@tom.com
编辑部电话：0791-86891201
发行部电话：0791-86898815
承　印　厂：浙江海虹彩色印务有限公司
经　　销：各地新华书店

开　　本：787 毫米 × 1092 毫米　1/16
印　　张：13.25
字　　数：171 千字
版　　次：2025 年 5 月第 1 版
印　　次：2025 年 5 月第 1 次印刷
书　　号：ISBN 978-7-210-15129-6
定　　价：128.00 元
赣版权登字 -01-2024-910

序

乐平古戏台，形状各异、结构不一、雕刻精美，播撒在乐平境内各个城镇与乡村，甚至最偏远的村子的古戏台亦壮丽而精巧，古戏台成为乐平市的一张重要名片。《乐平古戏台文化》正是从乐平丰厚而深邃的文化底蕴中，对这个庞大的古戏台集群作了全面的探源与阐释。

乐安河是乐平的母亲河，其源头位于江西婺源东北部五龙山西南麓芙蓉岭，经德兴贯穿乐平全境，在鄱阳县姚公渡与景德镇顺流而来的昌江汇合后称“鄱江”，又称“饶河”，成为长江流域鄱阳湖的重要支流。饶河戏即导源于此。《鄱阳志论》载：“饶之为郡，以彭蠡、鄱阳之渔，浮梁之陶，余干之沃，故曰饶也。”乐平原是余干的一个乡，后撤乡为县，乃饶州七县之一。由是我们可理解为：饶州之定名者，实乃富饶之地也。

宋吴孝宗《余干县学记》云：“盖饶之为州，壤土肥而养生之物多，其民家富而户羡，蓄百金者不在富人之列。又当宽平无事之际，而天性好善，为父兄者，以其子与弟不文为咎；为母妻者，以其子与夫不学为辱。其美如此。”观古察今，我们认识到：乐平古戏台，今天能以近五百座“集群式”的阵势闻名于世，绝不是偶然现象，而是在历史长河中具备雄厚物质基础和文化基础的一种必然。

《乐平古戏台文化》以文化为根脉，对古戏台进行全方位、多视角的深刻剖析与阐释。作者扎根本土，深入基层，对古戏台进行了长期田野考察，写出了赣剧饶河戏特立独行的艺术风格，以及诸多不为人知的逸闻趣事。掩卷静思，有以下启示与感悟：

揭示了“北民南移”过程中的某种误差。中原民众为躲避战乱，由河南固始进入安徽，经长江入鄱阳湖，溯赣江而上达赣南，形成闽粤赣“金三角”，并由此推动了客家民系的诞生。此前，人们由于过于注重这条公认的主线而忽略了鲜为人知的诸多分支的走向。其实，在这一行程中，不断有移民留下。例如乐平镇桥镇埂上村余家，其先祖从山东泗水一路迁徙，进入鄱阳湖一带便落户鄱阳，其后世又迁至乐平双田镇耆德村，最后扎根在镇桥镇埂上村。还有的进入安徽后不走水道，而是直接过长江至徽州府，乐平鸬鹚乡韩家村先祖即是宋代中期由婺源迁于此；涌山镇车溪村朱氏先祖乃是明代由安庆迁来；双田镇横路村叶氏是唐代从婺源迁于此；众埠镇界首村马氏从陕西扶风走鄱阳，至元代迁至乐平冷水亭，最后定居界首。这些实例都生动说明“北民南移”大迁徙的路线是复杂多元的，其内容更加丰富，融合更加精彩，精神更加昂扬。

“花雅争胜”中，民间“花部”戏曲最为生动感人。明王骥德《曲律》云：“数十年来，又有弋阳、义乌、青阳、徽州、乐平诸腔之出。今则石台、太平梨园，几遍天下，苏州不能与角什之二三。”“苏州”指雅部昆腔，“花部”乃弋阳、青阳、乐平等腔。这段史料记载毫无争议，也就是说，在那个历史阶段，“雅部”远不如“花部”繁盛，但何等“繁盛”，因没有参照而无从得知。今天，乐平以最为热闹的“万年台”和感人的民间“花部”“其节以鼓，其调喧”的表演形式及纷至沓来的观众为我们解答了这个问题。

“万年台”是民间“花部”戏曲实践的伟大创举。乐平村镇开基，大多源自族系迁徙定居，随着祠堂与祠堂台不断创建，庙宇台和宅院台日渐萎缩。但随着弋阳腔、乐平腔及赣剧饶河戏历史剧目的不断演出，局限于一族一姓的祠堂台亦捉襟见肘了。于是产生了镇桥镇浒崦村和乐港镇传芳村的“晴雨台”，即雨天本族可在祠堂看戏，晴天则在露天广庭让“万姓”观看，深刻体现了一种“大众情怀”。只有在此时，民间“花部”大锣大鼓的表演形式与广大民众的观演习俗才真正统一了起来。但戏台样式的探索与改革并未止步，双田镇横路村叶氏宗祠重建，把祠堂台从宗祠中剥离出来，建在宗祠的正对面，中间以广场相隔。虽然戏台仍依附于宗祠，但这座万年台为赣鄱大地上万年台如雨后春笋般涌现的总源。横路村叶氏宗祠打破了一族看戏的狭隘心理，具有很强的前瞻性。

古戏台楹联透露出民间底层文人的灵气。无论祠堂台还是万年台，楹联都是不可或缺的装饰品，其很大一部分以雕刻形式留存于戏台。镇桥镇浒崦村晴雨台的楹联为“眼界抬高，不怕前头遮住；脚跟站稳，何惧后面挤来”，如潮的民众立于旷野观剧的身姿在此得到最为形象的反映。双田镇横路村万年台的楹联为“九万里河山收来眼底，三千年岁月注到心头”，这就是“花部”戏曲擅演历史剧最动人的见证。涌山镇车溪村敦本堂祠堂台的楹联为“休夸汉赋唐诗早扬格调，且喜宋词元曲更谱新声”，中国戏曲文学的本质特征在此得到准确阐释，这充分展示了乐平民间文人的聪明才智及其对“花部”戏曲的极度热爱。

古戏台雕刻与民间戏曲常演剧目高度契合。古戏台精湛的雕刻令人目不暇接，除去大量四艺、四季、四业和诸神等雕刻不论，仅戏曲剧目的人物雕刻就蔚为大观。《桃园三结义》《三顾茅庐》《单刀赴会》《刘备招亲》《挂印封金》《渭水访贤》等弋阳腔、乐平腔演出剧目，加之赣剧饶河戏《万寿亭》《双狮图》《八义记》等皮黄系列剧目，构成乐平历史上祠堂台与万年台常演剧目，为我们提供了一部活化的“花部”戏曲演剧史。

令人惊叹的是，古戏台雕刻家们都集中在双田镇横路村。历史上，这个村子有五座戏台，无论时光如何流转，世事如何变幻，这个雕刻群体都承继有方，成为乐平古戏台雕刻“非遗”代代相传的典范。当我们静心观览邹家仿古戏台、杨子安仿古戏台、老北街仿古戏台和洪岩水上仿古戏台等，有谁能说这是现代建筑？又有谁能说这不是现代建筑呢？

傍晚，我们来到老北街，伫立在仿古戏台前观看赣剧饶河戏《二进宫》演出，那高亢激越的声调仿佛把我们带到古时万年台那如火如荼的演出场景，引人遐想，美不胜收。

思接千载，声越古今，乐平古戏台如一颗明珠，始终在赣鄱大地上熠熠闪耀。

龚国光

2025 年 2 月于南昌

（龚国光，江西省社会科学院研究员、江西省政府文史研究馆馆员）

目录

第一章 百台千姿

第二章 筑境凝华

第三章　遗珍览胜

第一章 百台千姿

第一节　娱神遗老　永年之术——溯源戏台

孟子说过：“人之所以异于禽兽者几希，庶民去之，君子存之。舜明于庶物，察于人伦，由仁义行，非行仁义也。”这句话明明白白地告诉我们，人之所以为人，是因为人是有追求的，追求万物之理，追求美好的品德。在追求的过程中，先人们又认为美好的品德来自上天所赐，所谓“天祚明德”（《左传·宣公三年》）。这句话的意思是上天对于有德之人会给予庇佑和关爱。反过来说，就是人们潜意识里总是渴望得到上天的眷顾，无论何时何地，只要具备美好的德行，就会得到上天的庇护。这种道德信仰，成为人们的依靠和信心，使人们勇于面对困难和挑战。作为高台教化的载体，戏台承载着人们对于上天眷顾的深切祈愿。从这一点来说，古戏台是人们精神需求的产物。

在中国广袤的大地上，在中华民族几千年文明发展的历史长河中，人们创造了戏曲这种独特的艺术形式，它如同一颗璀璨的明珠，历经千年传承，熠熠生辉。而戏台作为戏曲表演的重要载体，其发展历史不仅是一部建筑发展史，更是一部戏曲发展史，见证了中国戏曲文化从诞生走向辉煌的历程。

最早的戏台出现于何时？根据专家的考据，创建于宋真宗景德年间的山西万荣县桥上村的后土圣母庙戏台是目前已知有实物证明的全国现存戏台中年代最为久远的戏台，它已经是非常成熟的、具有规模的戏台了。它不是凭空出现的，在它之前，戏台的发展有着非常漫长的过程。

那么戏台的雏形出现在什么时候、什么状况下？现有的观点一般都认为它起源于古代的祭祀活动。这种推测不无道理。

远古时代，人类的幼年时期，从茹毛饮血走向文明，从对自然的依赖到对自然的认知、探索与利用，这是一个相当漫长的过程。对于当时难以理解的任何自然现象，远古的人们只能猜测有一种强大的神秘力量在控制着它，这种力量除了来自神灵，他们找不到别的解释。所以一旦遇到难以抵挡的灾难或者灾难过后为了避免同样的灾难再次出现，远古的人们便把所有的期望寄托在神灵身上，祈求护佑。而他们与神灵的交流更多借助于肢体语言。

把人类整体的幼年时期与个体的幼年时期进行比较，就会发现喜欢玩闹、模仿、自娱自乐是很自然的事情。孩童时代流行的“过家家”游戏，或可看作最朴实的表演。孩童在游戏中，会根据人数的多少，自行分配角色，分别扮演父亲母亲、兄弟姐妹等，石块、瓦片、水、草等也会被当成道具。与之对应，高台上的戏曲就是成人的游戏。从这个角度来推测戏曲或者戏台的诞生发展，而不是将其归为原始的巫舞，或许更本真，更直截了当。

人们为了让更多的人看到自己的表演，择一高地是很自然的事。之后，高地或者凸出地面的石块，便成为“高台”。随着社会向前发展，人们对精神生活的需求日益增长，原来简单的祭祀、舞蹈、歌唱等活动变得越来越正式，表演场地也越来越讲究。高台作为与天地神灵“对话”距离最为接近的地方，渐渐发展出祭祀台和庙宇台等最早的戏台类型。

宋元时期，戏曲艺术日益繁荣，戏台建筑也更加精美。戏台形式多样，结构有木质、石质和石木混合等。此时的戏台已具备了表演、观演、休息等功能。

明清时期，戏曲艺术进入鼎盛期，戏台建筑也愈发雄伟壮观。戏台面积扩大，舞台布景更加丰富，有的戏台还装置了升降台、转台等设备。同时，戏台分布更加广泛，不仅在城市，乡村也开始修建戏台，戏台成为民间节日、庙会等的重要活动场所。

“娱神遗老，永年之术”这一说法起源于汉代，表示娱乐活动旨在使人心情愉悦，达到延年益寿的目的。娱神一是指对神灵的敬畏；二是指心神欢乐，是一种精神层面的享受。早在汉代，人们就已经开始重视娱乐对于身心健康的积极影响，将其视为追求长寿的养生之道。

但如果我们把目光收回到乐平古戏台上来，就会发现，“永年之术”并不能完全解读戏台的功用。

根据最新统计结果，乐平境内目前存留的自明代以来的古戏台和仿古戏台有近500座，其中数量最多、最能体现乐平古戏台精湛的建筑艺术的是祠堂台和万年台。乐平古戏台以“建筑奇巧复杂、装饰豪华艳丽”著称，融建筑、雕塑、工艺、美术和文学于一体，其造型之雄伟，气势之恢宏，工艺之精湛，令人叹为观止。乐平古戏台因其数量众多、艺术绚丽、风格独特而被建筑专家誉为“中华一绝”，成为赣鄱大地上一道独具特色的文化景观。

乐平古戏台数量如此之众，建筑艺术如此精妙绝伦，许多研究者认为这不仅因为乐平人好戏，还因为乐平是赣剧流行的腹地，而赣剧又是以搬演历史大戏、宫廷大戏为主的剧种，戏台的造型是为了适应演出风格。这固然有一定的道理，但以此来解释完全意义上的古戏台繁盛现象，恐怕失之牵强和肤浅。

中国的戏曲剧种有 300 多种，每个剧种都有铁杆戏迷，且这些剧种中擅演历史大戏、宫廷大戏的皮黄、梆子系统不在少数，为什么那些地方没有那么多古戏台？即便在戏曲艺术最为低迷的时候，乐平依然冒出了不少新的仿古戏台，这不能不让人颇费思量。细细想来，古戏台繁盛现象的背后，到底隐藏着多少不解之谜，恐怕不是一两句话能说得清的。

不可否认，乐平在戏曲版图上处于一个得天独厚的位置。滔滔的饶河水，不仅为乐平儿女奉献了滋养生命的乳汁，在对待外来文化时，也表现得宽容大度。当温州的南戏跨越了千山万水来到她身边时，她接纳了这朵艺术奇葩，并植入了自己的基因，使之演变成了风靡神州大地的弋阳腔。后来，当西皮、二黄、梆子、浙调强势涌入时，她再次施展非凡的本领，把这些南腔北调调理成具有自己风范的剧种——饶河戏。乐平就处于饶河戏流行的中心，同时又汲取徽、饶（州）文化的养分，一时之间，班社蜂起，戏台林立，老百姓为了饶河调如痴似狂，更有如塔前乡绅洪汝仪者，干脆建了一座气度非凡的宅院台。可以说，乐平是饶河戏的发祥地。

如果仅仅是为了看戏，大可不必大兴土木去建那豪华的戏台——

要知道，乐平人搭草台的功夫，那也是一流的。至于说是出于搬演剧目的需要，也不是能够完全站得住脚的理由——演什么样的戏，配什么样的景，是戏班、戏社考虑的事，根本不用观者操心。戏台的风格切合了历史剧目和宫廷剧目的需要，只能说是一种巧合，而非建造者的初衷。

对于美的东西，人们在探索它时，往往会人为地拔高它的层次。有人在探讨乐平古戏台繁盛的原因时，津津乐道于文化昌盛，人才辈出，动辄“洪公气节，马氏文章”，言必称朱熹、姜夔的“高邻”。这确实值得引以为豪，但中国这么大，出贤人的地方可不独有乐平，况且，戏曲和古戏台是纯粹来自民间的艺术，它们在相当长的一段时期内遭受正统阶层的排挤、压制和摧残。如果不是植根于民间这片沃土，很难想象这门艺术会有如此顽强而又旺盛的生命力。至于乐平元曲大家赵善庆撰写的剧本对戏曲发展的推动作用，绝对不能看作官方和士大夫们对戏曲艺术的认可和支持——因为在他们眼里，赵善庆之流曲词再好，音韵再美，也算不得正经文人。至于《太和正音谱》将其杂剧誉为“蓝田美玉”，那不过是同行之间惺惺相惜罢了。因此，古戏台繁盛现象的成因，还得从民间另行探寻。

乐平现存历史最为悠久的古戏台是建于明代崇祯年间的涌山昭穆堂戏台。从这座戏台的建筑工艺成熟度来看，戏台在乐平已经有了相当长的历史，至少在宋代便已出现，元明时期趋于流行。这一点综合乐平戏曲的发展历史就可以看出。

汤显祖在《宜黄县戏神清源师庙记》中说：“至嘉靖而弋阳之调绝，变为乐平，为徽青阳。”汤翁的这篇文章告诉我们，至少在明代嘉靖年间，乐平就有了从弋阳腔演变过来的剧种——乐平腔。

元末明初，随着江右商帮的兴盛，弋阳腔传播四方。

乐平，作为弋阳的邻县，流行并保存、发展了弋阳腔。戏以台为载体，台以戏为灵魂，这种并驾齐驱的现象，在中国大地上，乐平可以说是最为突出的。

除了作为演戏载体之外，乐平古戏台的发展还有地理环境和经济方面的原因。

“稻米流脂姜紫芽，芋魁肥白蔗糖沙。村村沽酒唤客吃，并舍有溪鱼可叉。”这是宋人权邦彦题写的诗《乐平道中》。从诗中可以看出，宋时的乐平农村，生活水平已经较高了。结合乐平的地理位置来看，这首诗应该没有粉饰太平的动机。乐平地处赣东北腹地，交通便利，物产丰富，虽难避天灾，却少有战祸，自给自足的小农经济在相当长的历史时段内都较为发达。“富而思乐”，这为古戏台的繁荣夯实了物质基础，谁都得承认，就乐平任何一座古戏台的繁丽和豪华程度而言，无论它修建在哪个年代，没有雄厚的经济实力是不敢修建的。但这仍然只是个外因——尽管很重要。

中国的农村，几千年来始终保持着氏族宗法的血缘传统，聚族而居，同姓一村。在乐平，三五百户的大村庄随处可见，有的甚至更多，诚所谓“流三千，戴八百，走到洺口着一吓”。这种社会形态通过宗谱和祠堂不断得到强化。“客亲三代，家亲万代”至今仍是至理名言。这种聚居方式使得广大农村长期处于一种封闭、落后的状态，非战争和其他万不得已的原因，人们谁也不肯迈出村子半步。但它也显示出无可比拟的优势——巨大的凝聚力。古戏台的建造便是这种凝聚力的明证。

如果说修谱、续谱是维系氏族血缘宗法关系的纽带，祠堂是纽带的轴心，那么戏台的建造则使宗族的资本有了炫耀的窗口。宗谱除了

浒崦戏台匾额“久看愈好”

开谱那一刻，平时是不轻易示人的，祠堂除了礼请来的贵宾或受惩处的“族敌”，一般也不许外姓涉足。可是，宗族的威风是不能不“抖”的，宗族的荣耀是不能不炫的。于是，小到添丁进口，大到晋升高官的喜事，便通过开谱、点谱的形式，通过古戏台向外界尽情地展示。古戏台成了宗族重要的“新闻发布”场所，没有一座体面的戏台，是多么不合适。由此就不难理解双田镇横路一个叶姓村子竟有五座戏台。也正是宗族间明着攀比、暗中较劲，才使得乐平的古戏台异彩纷呈、争奇斗艳。浒崦戏台正壁上方的匾额“久看愈好”把氏族间这种互相攀比的心态披露得淋漓尽致。邻村华家的戏台落成后，匾额上题的是“顶可以”，可谓志得意满。

乐平古戏台的繁荣与宗法相关的另外一个原因是攀华宗。华宗之间平时便少不得拉拉关系，套套近乎，联络联络感情，“走亲走亲，不走不亲，越走越亲”嘛。但宗族之间不像户家，有那么多的时节、红白喜事使大家互相来往，开谱大典至少也得二十年一次。于是戏台落成后的游台庆典、重修庆典、请华宗的戏班逢年过节来演演闲戏，便成了华宗间来往的最好由头。于是，戏台常修常新、越修越多。

正是戏台使原本已经非常牢固的氏族宗亲关系变得更加紧密，由此可见戏台在乐平人心目中的地位。

赣剧《九老天官》

戏台在乐平人心中具有至高无上地位的另一个重要原因是，乐平人在戏台上寄托着他们对神权的崇拜。封建社会，人们认知有限，走在乐平乡间，随处都可以听到这样的说法：建戏台之前，村里老有祸事发生，建了戏台就太平了。当然，建了戏台也有不太平的时候，但他们认为这是因为戏台的位置不好，压住了“龙脉”，遇到了这种情况自然是重建。其实，无论是从戏台的外观来看，还是从戏台开台剧目来看，都可以看出戏台被赋予的镇邪功能。凡是看过乐平古戏台的人，都不难发现：乐平古戏台的造型受佛教建筑影响很大。屋脊中央的宝顶，其实就是一座微缩宝塔；莲花瓣或螺旋状的藻井，应该是受到了佛座和佛髻的启示；鳌鱼来自观音的传说；飞檐下的铁马风铃，当是从梵宫寺院中借鉴而来。戏台落成，游台庆典的第一出戏必是《九老天官》，它是一出戴傩面具表演的戏，其功用不言自明。凡此种种，再加上木雕中的祥禽瑞兽、瑶花琼草，无一不昭示人们对凶邪的趋避和对祥瑞的祈盼。

至于说古戏台体现了对王权的崇拜，也并非空穴来风。封建社会，人们饱受权势欺压的同时，心里涌动着对至高无上的王权的渴望。明显的例证当然是历史上无数次大大小小的农民起义，其领袖哪一个没有称孤道寡？最杰出的代表当首推朱元璋这个曾在乐平境内死里逃生的农民天子。鲁迅笔下的阿 Q 偶尔得势也会说：“我要什么就是什么，我欢喜谁就是谁。”有段戏曲唱词这样唱道：“谁不爱官大多荣耀 / 谁不爱威风压群僚 / 谁不爱金银铺满道 / 谁不爱妻美子多娇。”

封建社会等级森严，凡与皇家有关的东西，皆被视为禁忌，民间穿衣不着黄，画龙不点睛，稍有冒犯，便会招来杀身之祸。唯独在戏台上是个例外，人们不仅把自己对王权的渴望表现在戏台上，而且可以在戏里尽情地过上一把帝王瘾。

正因为戏台被赋予的功能远远超出了演戏，所以在乐平，人们称它为“天赋子孙基”。在乐平人心中，戏台不是建筑物，不是艺术品，而是神物、圣器，是一村人的眼珠子、命根子，所以建造时耗资巨大也在所不惜，建成后则倍加呵护。乐平人可以不顾自家住房穿风漏顶，但戏台的一砖一瓦都牵动着他们的神经。人们不仅小心翼翼地看护戏台，还经常进行检修，每隔几年还得重新油漆一遍，或打开镶板，唱他几天几夜大戏，冲一冲晦气，生怕冷落了它。演出完毕，又马上上好镶板，以免烈日暴雨褪去了戏台艳丽的姿容。

乐平古戏台保存完好，还有一个更重要的客观因素——稳定的社会环境。乐平无论从自然、经济、文化、交通来说条件都是非常优越的，按理，这该是兵家必争之地。但或许真是天佑这一方子民，自朱元璋鄱阳湖大战之后，这里再也没有遭受过规模较大的兵燹战乱，包括古戏台在内的文化建筑幸免于难，为后人留下了一笔珍贵的文化遗产。

第二节　殷勤祭神　福禄攸降——庙宇台

庙宇台的出现时间应该是比较早的，现存最早的庙宇台就是山西牛王庙戏台。庙宇台简称庙台，它的出现跟宗教信仰有着密切的关系。庙宇作为祭祀神灵的地方，建筑在这里的戏台的主要功用也是娱神，它们一般由僧侣募捐或者施主捐建，在这里上演的剧目基本是与宗教有关的题材。

流行于乐平的赣剧发端于明代弋阳腔，弋阳腔最早的剧目就是连台本戏《目连救母》。《目连救母》的故事在民间早已广为流传，到唐代时，人们将这故事编为变文，称为《大目乾连冥间救母变文》《大目犍连变文》或《大目连缘起》《大目连变文》等。《目连救母》说的是目连的母亲因故被打入十八层地狱，目连想报母亲哺育之恩，乞求佛陀相助。佛陀告诉目连，可在七月十五那天设下盂兰盆会，为母亲供养十方大德众僧，借此大功德，可解除母亲所受之苦。

南戏传入赣东北后，与当地宗教音乐及民间音乐相融合，用来演唱连台本传奇《目连救母》。随着《目连救母》在民间盛行，情节越来越丰富，像“梁元帝出家”“傅相逼债”“傅荣行善”“哑背疯”“尼姑思凡”“僧尼会”“王婆骂鸡”等看似毫不相干的情节，全都被串在了一起。戏文劝善和尊佛的意旨非常突出，它成为当时庙宇台经常上演的剧目。

在高腔之后出现的弹腔，也有了宗教题材的剧目，最有名的便是《大香山》，即《观音得道》。这是一个迄今仍在上演的剧目：妙庄王膝下没有儿子，只有三个女儿，想到无人继承王位，便想给自己最心爱的三女儿妙善招赘婿。妙善一心向佛，不肯依从，被妙庄王赶出家门。妙善栖身白雀寺修行，妙庄王为断绝妙善之念，派人放火焚烧白雀寺，企图逼迫女儿回心转意。谁知妙善心定志坚，不为所动，白雀寺化为灰烬。妙庄王以为妙善已死，陷入深深的自责之中，以致卧床不起。眼看性命不保，有一僧人前来告知，只有至亲的手和眼做药引才能治愈妙庄王的病。长女、次女均不愿献出手和眼。僧人便指引妙庄王去大香山，说那里有一个僧人愿意献出手和眼。妙庄王病愈后带上千银千绢来大香山还愿，祈祷神灵为救他一命的僧人添还手眼。祈祷完毕，僧人长出千手千眼。原来，那人正是妙庄王的三女儿妙善，经过此事，她修成正果。

景德镇五王庙庙宇台

除了这两出戏外，许真君戏、关王戏、周王菩萨戏、李老君戏等都是庙宇台经常上演的剧目。这些宗教题材戏的影响很大，不仅有很多经典的折子戏流传至今，在乐平古戏台的雕刻中，也有许多取材于此的元素。这些剧目都承载着一定的道德观念和伦理规范，对民众起到了教化作用，所弘扬的道德观念，如忠诚、仁爱、诚信、宽容等，对构建和谐社会发挥了积极作用，也为民众提供了精神享受。

庙宇台作为演出兼祭祀神灵的场所，上演的主要是这类宗教题材的剧目，这些剧目反映了古代人民对神灵的敬畏和崇拜。庙宇台所供奉的神灵多种多样，兼容道教、佛教、儒家，体现了民间多元文化的融合。

庙宇城乡都有，但有戏台的庙宇一般只在城区。乐平城区有过的庙宇，除了文庙、武庙、城隍庙，在东门有长沙王庙，在西门太平桥上有几座不知名的小庙，南门有天后宫，北门有财神庙，与财神庙遥相呼应的是郭西庙。此外，大寺上有东岳庙，周家巷里有韦陀庙，文庙侧边有龙王庙，菖蒲塘附近有斋公堂，登高山麓有观音泉，南门坝口有观音阁，等等。抗战期间，由当时乐平县参议会副议长吴守梅主持，在西门外新建了一座西方寺。在这众多的庙宇中，有戏台的只有观音泉、观音阁、天后宫和南外街的关帝庙，而演出活动最频繁的是关帝庙戏台。但是，在这里上演的不是之前的本土剧种饶河调和马灯戏，而且其功用不是娱神，而是营利，也就是说关帝庙戏台的演出是乐平戏曲演出商业化运作的开始。

抗日战争爆发，沪、宁、杭等地沦陷，这些地方的京剧、越剧班社有不少向后方流亡，其中有一部分在乐平活动。1941 年秋天，有经济头脑的本县绅士邹崇山等在南外街关帝庙利用原有的戏楼集资创办戏院，上演越剧和京剧。尽管这时乐耀电灯公司已经停办，晚上使用汽灯照明，戏院设备也非常简陋，但由于它是乐平第一座戏院，还是在整个乐平引起了轰动。

来过关帝庙演出的京剧团、越剧团有不少，最后一个在这里演出的是燕萍京剧团，演出活动一直持续到 1949 年后。随着戏曲改革工作的开展，燕萍京剧团因为不适应新的形势而解散，剧团的行头、布景有不少卖给了当时刚刚成立的乐平赣剧团。关帝庙戏院的历史也到此结束。在其存续的十余年间，一度迁往观音阁搭棚演出。

第三节　奏鼓简简　衎我烈祖——祠堂台

祠堂台在乐平古戏台中曾经独领风骚，迄今保存完好的涌山昭穆堂和车溪敦本堂戏台都是完全意义上的祠堂台，而以浒崦古戏台为代表的晴雨双面台中的雨台，实际上就是祠堂台。

在我国民间，祠堂作为祭祖先、叙伦理的重要场所，承载着传承传统文化、推行社会伦理和举行民间信仰活动等多种功能。它既是古代人民祈求祖先庇佑、祭祀先祖的场所，也是传播教义、弘扬道德的平台。

祠堂最早出现于汉代，到明清时期最为发达。而祠堂台的出现，则是根据戏曲演出的功能变化而出现的。如果说露天台和庙宇台的功能是娱神，那么祠堂台就是娱祖，它还有一种功能便是联结同姓宗族。

临近乐平的浮梁县经公桥镇新源村，有一座古老的祠堂台，戏台正中拱门上高挂着一块匾额，上面刻有四个烫金大字“衎我烈祖”，两边对联是“春王正月大一统　祖寿千秋祝万年”。“衎我烈祖”出自《诗经·商颂·那》，对联典出《公羊传》“隐公元年春王正月”，明确道出戏台上的戏首先是给祖宗看的，也表达出天下一统、永远泰宁的良好愿望。

祠堂台一般都由宗族筹建，宗族又分大族和小族两种。小族就是房、股，是更为亲近的氏族关系。在乐平，大族建造的戏台大都由邻近的同姓村庄集资兴建，如临港镇古田、下堡的戏台。在古田附近有很多村庄，那些村庄大部分都是盛姓聚族而居，号称“古田十八族”，是同一祖宗繁衍下来的。为了便于集中祭祀祖先，十八族便集资在下堡村建造了一座戏台。小族出面兴建戏台，则是因为这个宗族人丁兴旺，便于本房、股集中祭祀祖先。如双田镇横路村叶姓就有一房、四房、九房三座戏台；塔前镇山下朱家也曾有上边、下边两座戏台；双田镇龙珠村也有三座戏台。

这些宗族建造的戏台，是宗族祭祀、社交、娱乐活动中心。戏台与祠堂两两相对，两边的厢楼将戏台与祠堂连为一体，围成一个较大的天井。这种封闭式的环境，既体现出封建时代中国农村宗族势力的凝聚力，也显示出排外性。两边的厢楼是供女性看戏的地方，中间的天井则是男人看戏的空间。两个空间真是咫尺天涯——那个时代，男女看戏是不能混在一起的，如果有女人跑到天井看戏，则会招来骂名；同样，如果有男人钻到厢楼看戏，千夫所指还是轻的，重者要受一顿毒打。

祠堂台演戏除了上面的规矩外，设宴请客也是有规矩的，如很有地方特色的“口席”。说是口席，其实应该是“门”字席，因为在祠堂设宴的时候，正对着戏台的为上，即首席，通常为本宗族的头首、长辈陪着华宗代表而坐，两边坐着陪客，背对戏台的一方不设座位，留一缺口，方便大家一边饮酒，一边看戏。

随着时间的推移，人们发现这种祠堂台虽然封闭性好，也不怕风吹日晒，但也存在缺陷，那就是容量小，看戏的人一多，就会显得拥挤不堪，容易发生事故。于是，晴雨双面台就出现了。所谓晴台就是在

浒崦古戏台雨台

原来祠堂台的基础上，再建一个对外开口的戏台，实际上还是同一座戏台，只是由戏台中间的屏风将其连在一起。这样一来，碰到下雨天演戏，依然可以坐在祠堂里和厢楼上边吃边喝，边聊天边看戏。如果是晴天，就把雨台的前台改作晴台的后台，后台改作前台，掉个头便可演出。这样的祠堂双面台，以浒崦名分堂戏台最具代表性。

第四节　君子阳阳　其乐只且——宅院台

宅院台，顾名思义，即家庭戏台。在所有戏台中，宅院台数量是比较少的，原因之一就是需要建造者有足够的经济实力。

乐平最有名的宅院台，是清代塔前村富豪洪汝仪所建。洪汝仪拥有千亩良田，万贯家财，从塔前到饶州，沿途都有他家的房屋和田庄，田庄内都有水井，用他的话说，就是“马到饶州都不喝别人家的水”。洪汝仪一生所好甚多，最好看戏，但外出看戏带着妻妾家室，总是不便，于是他在家里建造了一座戏台，这样既可以随时请戏班子来唱戏，过过戏瘾，又等于把家里女眷锁进了“保险箱”。洪汝仪所造的这座戏台，现在已经踪迹全无，但据见过的人介绍，戏台为三进结构，每进有一道门壁，中间横隔着一个狭长的天井，三进间连成一个整体，平时不演戏的时候，这三进间正好就是三个大的厅堂，要演戏时，将中间横隔的三扇门壁拆除就成了一个看戏的大戏场。从大门处进入为头进，戏台就在这头进的门背后，朝向一、二、三进的大厅，戏台台面高 2 米，宽 6 米，深 4 米，为一个活动的结构，如抽屉一般，可以随时搭或者拆。戏台的右侧仿祠堂台的构造另建有楼式厢房，供演戏的艺人化妆及住宿用。

乐平赣鄱古人类文化遗址里的宅院台

洪汝仪不仅建造了家庭戏台，还养了一个家庭戏班，真有点《红楼梦》大观园的味道。这个家庭戏班以演唱高腔即“乐平腔”为主。洪汝仪有经商头脑，逢年过节或者家里有婚丧嫁娶做寿之时，他养的这个戏班在自己家戏台上演出，其他时间，洪汝仪还会接活，亲自率戏班外出演出。

洪汝仪的次子洪常修曾经在浙江石门任知县，为了迎合父亲的听戏爱好，洪常修曾从嘉兴请过武林调戏班来自家戏台上演出。

后来，随着洪家家道中落，人们就很少听到这座宅院台上唱戏时的锣鼓声了。

再往后，宅院台虽然还在宅院里头，但有时充当公众的戏台。1948年，有一个浙江过来的京剧、越剧、杭剧合演的戏班子应邀到塔前村起赌戏，一开始，在田畈上搭草台演了十天十夜，后演出合同期满，戏班子又与外地台口订了合同，预备撤走。但是塔前赌场的生意正旺，赌场老板自然不肯放过眼前的利益，便强行将唱杭剧的一组人留下，迁移到洪汝仪的宅院台上，加演了十天十夜。这次演出后，再也没有人见这座戏台上有过演出活动了。

20世纪中期，洪汝仪的住宅被分配给几户人家居住，住户对原有的格局进行了改造，到20世纪八九十年代，尚能见到台址残留的两块《刘海戏金蟾》戏文木雕和屋梁上一个破旧的木雕吊篮。如今，连这些痕迹都不复存在，恐怕就连塔前村都很少有人知道这里曾经有过一座赫赫有名的宅院台。

宅院台在乐平并没有成为历史。2023年，在乐平赣鄱古人类文化遗址和老北街茗园，分别竣工了一座仿古戏台，虽然都在景区，但实际上都是宅院台，尤其是老北街茗园戏台，紧傍着老宅，形制完全与宅院台相同。

第五节　如切如磋　如琢如磨——会馆台

乐平自古经济繁盛，水陆交通便利，商贸往来频繁。随着各地来乐平经商的人员越来越多，来自同一行政区（主要以州划分）的商人，为了自身利益不受外乡人或行外人侵害，抱团取暖，以各地州府名称命名的会馆应运而生。为娱乐议事便利，也为一慰乡愁，会馆戏台便

景德镇会馆台

成了会馆建筑的重要组成部分。乐平曾经有过的会馆台中，比较有名的是饶州会馆台、抚州会馆台、徽州会馆台。

乐平属于古饶州七县之一，建造在外地的饶州会馆便是驻当地“办事处”。我们在这里要说的会馆台是位于景德镇的饶州会馆台。

有些会馆供奉自己敬重的神，以祭祀神灵作为凝心聚力的重要途径，作为联结同乡或同业的纽带。如福建会馆供“天后娘娘”，南昌会馆供许真君，临江会馆供肖菩萨，婺源会馆供朱熹神位，奉新会馆立有令公神位，等等。不少地方的人崇尚“桃园三结义”的“义气”，因此有些会馆供奉的是关圣帝君，如山西会馆、徽州会馆、都昌会馆、湖北会馆等，饶州会馆也是其中之一。

由于会馆台处在大码头繁盛之地，是一方人的面子，加上出资兴建者都是财力雄厚的绅商，所以其建造颇为讲究，是反复切磋、琢磨的成果。

在说饶州会馆之前，我们先说说徽州会馆。因为地域相近，乐平古戏台的建造风格与徽州建筑有着千丝万缕的联系。

徽州会馆又名新安书院，是徽州一府六县商旅的聚会场所。徽商是徽、都、杂三大帮中经济实力、政治势力最强的一个帮派，因此，徽州会馆的建造最为富丽堂皇。位于景德镇的这座徽州会馆，坐东朝西，建于清代中期，占地面积达 4052 平方米，雕梁画栋，气势恢宏，大门口一对石狮子，门旁两面石鼓，此种形制有个说法叫“有势面”。门头上有四根突出一尺多长的圆柱，叫“有来头”，因为朱元璋和朱熹，“来头”确实不小。门头上有“五凤阁”，飞檐斗拱，五凤朝阳，瑰丽多姿，不仅木雕精细，石雕的戏文图案也独具匠心，灵秀异常，令人惊叹。正殿供奉着关帝神位，会馆内还建有文昌宫、义祭祠等建筑，会馆的露天戏台就建在会馆大门之外。戏台亦是雕梁画栋，飞檐斗拱，台口南北两边各有一个半边六角形的砖柱，柱上各有个用瓷砖砌成的回（口）字形小窗，台后乐队、演员可从小窗看见台下情形。由于以前演戏主要是演给菩萨看，而会馆大殿内的神位地势高，所以戏台建得也比较高，约有 180 厘米。石砌台基居中的位置有半圆形的小门，通到台板下的储藏室，储藏室内一般放置龙灯架、旧桌椅等杂物。台口宽约 16 米，中心台口宽 8 米，台上高度 6 米，顶部正中有穹形藻井，进深约 10 米，台旁有台阶可以登上戏台。可惜这样一座精美的会馆台，因为受露天之苦，加上怕演戏人多，容易出事，戏台很少演戏。失去了实际的功用，戏台也年久失修，损毁严重，最终于 20 世纪 50 年代初被全部拆毁。

说完徽州会馆，再来说说都昌会馆。作为三大帮会之一的都昌帮，在景德镇的人口超过半数，景德镇素有都昌人第二故乡的说法。都昌会馆集会、演戏之盛在景德镇算得上首屈一指，而且都昌会馆与乐平人因为戏曲有着一段因缘。

景德镇曾经有两座都昌会馆，老会馆建于明代，新会馆建于清中叶，两座会馆各占地 1000 平方米左右，规模一样，仅一墙之隔，并列西向。会馆前面是石板铺地的院落，南北各有半圆拱门相通。前院东面有三扇门，靠北一扇门立有牌坊，刻着“玉澈冰壶”，通到书院馆舍及议事厅、义祭祠等处，中门与靠南面的一扇门内，是一块空场地，中门处也立有牌坊，刻着“关圣”字样。通过中门，进到老会馆，通道顶上便是戏台。戏台面积有上百平方米，坐西朝东，正对着大天井，天井两旁是高约 3 米、宽约 2 米的酒楼，经酒楼穿行可以到达戏台。戏台正对面便是正殿，供着坐观春秋的关羽神像，托印的关平及执刀的周仓神像侍立两旁，均面对戏台。前院南门处也有牌坊，横刻“江天一柱”，上面又竖刻“万寿宫”三个字。进入南门，便是新会馆，格局和面积与老会馆相同，不同的是这里供奉的是许真君。

与乐平有直接关系的便是饶州会馆了。饶州会馆坐落在景德镇周路口 6 号，离乐平人聚居的里村、樊家井比较近，散居全镇的饶州七县人士，到这里来集会、议事、祀神、祭祖、看戏等都很方便。

饶州会馆的大门朝东，戏台就建在东大门之上。大门两旁有石鼓、石狮各一对，门楣上横刻着“芝阳书院”四个正楷字，门外是一个约 200 平方米的方形院子，院内开有南北拱门。从大门进去，头顶便是高约 2 米的戏台。穿过台底，是个大露天院子，青石板铺地，可供数百人站着看戏，院子两边是长廊式的两层建筑，也是看戏的地方。这种建筑构造，与乐平祠堂台如出一辙。戏台坐东向西，面积有七八十平方米，台上深处横梁上悬有“歌舞升平”匾额一块，两边进出场门月梁上，各饰有一块扇形小额，写着“出将”“入相”字样，台前、台后柱子上均有楹联，戏台表演区顶部为穹形藻井，藻井顶端离台板有六七米高，台口约 10 米宽，台深四五米，后台较为宽敞，可供演员化妆和放置戏箱，右边有小门及石梯，通向会馆厨房等其他地方。露天院子后边是大厅，这里是供绅士、会首们摆八仙桌椅喝酒或吃茶点、坐着看戏的地方。

民国十六年（1927）农历五月十三，在都昌会馆、饶州会馆之间，发生了一件因演戏而震惊全省的事。

农历五月十三，是关公生日，也恰好是饶州会馆轮上乐平同乡会演戏的日子。在里村聚居着乐平的方、马、张、叶四姓，由方姓首演族戏，请来的是饶河四大名班之一的“明经同乐”戏班，当天上演的是《杀子报》。戏刚开锣不久，市警察局便派人来到会馆，以禁赌为名，要“封箱”禁戏。会首以为头天演戏得罪了两名要上台看戏的警察，现在来公报私仇，自然不会买账，双方争执不下。当天在场看戏的乐平人，一看警察要“封箱”，觉得看不成戏事小，丢了面子事大，于是围拢过来，议论纷纷。警察中一个队长见情势不妙，拔出手枪朝天放了两枪。原本在一旁帮着维持秩序的一个乐平人见警察竟然开枪，一怒之下举起大刀将那个队长砍死了，场面顿时大乱。台上的演员和台下的观众夺路奔逃。饶州会馆只有大门一个出口，上千人一拥挤，不少妇女和老人、小孩被挤伤、踩伤。

事故发生后，消息传到里村，居住在里村、樊家井的乐平人立刻聚集起来，要去冲击市政公署，理由是“封箱”禁戏是市政公署下的令。冲突中，又有一个乐平人被枪击伤了腿，火上浇油的是，当这伙人经过都昌会馆时，见里面戏台上正在演饶河戏《火烧子都》，乐平人认为市政公署偏袒都昌人，加上都、乐之间有宿怨，于是迁怒都昌会馆，冲入馆内，演戏与看戏的人吓得纷纷逃出会馆。其间，有人将几箱煤油泼到都昌会馆戏台上，一把火将戏台烧成灰烬。这场因戏引发的事件，以撤销景德镇市政公署，改组国民党市党部，经多方力量斡旋，在太白园召开亲善大会而告终。

第六节 高轩碧渚 飞檐架空——万年台

由庙宇台、祠堂台等发展为万年台，不仅是戏台建造形制、功能的一次革命，也是人们观念的一次大变革。如果说之前的庙宇台是为了娱

洪岩水上仿古戏台

神，祠堂台是为了衎祖，那么万年台则让戏曲娱人娱己的功能得到了最大的强化。

万年台是戏曲文化和民众生活联姻的产物，冲破了之前庙宇台、祠堂台等封闭逼仄环境的束缚和压抑，使得天地人三者之间的人，成为观剧的主体。从市场价格和演出形式来看，万年台使戏曲成为真正接地气、与普通民众血脉贯通的艺术形式。因而，万年台一出现，便受到更多民众的喜爱，成为乐平古戏台中数量最多的一种戏台类型。

万年台是单面的独立台，一般坐落在村庄最为开阔的场地，连街通巷，易聚易散。乐安河沿岸各村的万年台大都背圩面村，所以又称“街圩台”。它从祠堂独立出来，拥有了更为广阔的空间与更为博大的包容性，不再局限于一村一族一姓。但是，这样的解放并不意味着万年台丢失了各种戏台原有的讲究，从选址到落成，从朝向到构造，从选材到装饰，从功能到使用，万年台依然保留着各种戏台原有的许多规矩。由于拥有了更大的空间，万年台形制、装饰逐渐超越了祠堂台，建造得越来越高、越来越大、越来越精致，显得更加气势恢宏、富丽堂皇。乐平近年出现的杨子安仿古戏台、邹家仿古戏台等，其形体之庞大，令人惊叹，而位于洪岩风景名胜区古戏台博览园内的水上仿古戏台，更是亚洲乃至世界同类型建筑之最。

古戏台博览园占地面积为万余平方米，建筑群由古戏台、观戏楼、牌楼等构成，所有建筑均采用全木质榫卯结构。为了有效防水，建筑材料选用了巴新菠萝格木，这种木材的使用寿命比一般木材长 20 年左右。博览园的核心建筑就是水上仿古戏台，其建筑面积约为670平方米，最高高度为 13.53 米。戏台沿袭乐平古戏台传统建制，以乐平被列为国家级文物保护单位的浒崦名分堂戏台建筑风格为基础，建成前后对称的晴雨双面台。整个戏台位于忠宣湖水面之上。戏台的设计融合了赣派建筑与古戏台的建造特点。外部飞檐翘角直指蓝天，高峻的马头墙典雅庄重。外部为牌楼式，内部由戏台、厢楼、走廊环绕而成，布局精妙。戏台上上千个栩栩如生的戏曲人物浮雕，由当地 30 名能工巧匠历时三年多纯手工雕刻而成。其中，仅戏台上一根横梁的浮雕，就花费了两名雕刻匠人两个多月的时间。洪岩水上仿古戏台自 2018 年 10 月开工建设，于 2021 年 3 月 17 日全面竣工。

据有关专家考证，乐平最早的万年台为双田镇横路古戏台，这也是最早被命名为万年台的古戏台。万年台的出现和命名，不仅体现了“乡村体面场”的初衷，更体现了“父老开心地”的大众情怀，真真切切地表露出万千观众对戏曲的迷恋和对戏台能千秋万载永存的美好祝愿。

万年台的出现还促进了地方经济的发展。每当有戏曲演出活动时，戏台下地摊上的货品琳琅满目，水果、衣物鞋帽、儿童玩具应有尽有，近年来更是发展到古玩领域。那些售卖油炸、烧烤食品的摊点，烟雾缭绕，是真正的人间烟火气。

戏曲演出最为繁盛的时候，乐平的乡村戏台下还是青年们谈情说爱、缔结良缘的最佳场所。曾经风行一时的“打人浪”的壮观而有趣的场面，正是这种美好情感的形象表达——只要小伙看中戏台下某个姑娘，便会掀起“浪花”，借助人浪的涌动，想方设法接近姑娘，捕获姑娘的芳心。这恰恰是万年台之前的各种戏台的禁忌。

不吃葱部
你且报来

老北街戏台演出场景

第七节　吹笙鼓簧　承筐是将——草台

乐平虽然拥有自明代至今的近 500 座古戏台和仿古戏台，但由于受经济、人口、交通等各方面条件的限制，并没有真正实现“村村有戏台”，有些没有戏台的村子因为开谱等重大活动有演戏需求

乐平草台演出盛况

的时候，搭草台便成为必选。所谓草台，有两层含义，一是稻草为搭台盖顶材料，二是临时搭建、草草而就的戏台。其实，草台的搭建材料也是不断与时俱进的，最早的时候，立树木主干为柱，上面覆盖稻草为顶，后来也有用晒簟、竹席甚至扬簸用的竹匾为顶棚，现在则发展为钢筋加化纤布或者帆布了，自然更为牢固和美观。在少数情况下，原本拥有万年台的村子也会搭建草台，草台就搭在原有戏台旁边十丈开外处，台口稍微呈八字形相对，这样的草台是供两个戏班“打串台”，即唱对台戏时使用的。演出时，哪个班社或者剧团在哪个台，由抽签来决定。

乐平人不仅建筑万年台有绝技，搭建草台的功夫也不简单。关于草台，在乐平也流传着不少趣闻。

一个趣闻发生在 1932 年。在乐平东边靠近德兴的地方，有个祝姓村庄，姓小户少，没有足够的财力支撑，做不起戏台，想看戏只能趁邻村有演出的时候去蹭。时间长了，村民们觉得不好意思，于是在这年的春天，全村人想方设法硬是搭起了一座草台，请了一个小戏班演戏，把四邻八舍的村民都请了过来。人们到了戏台下一看，草台正中上方横额上写着三个大字——“还眼债”。人们这才明白祝村人觉得平日老蹭戏看，欠了很多眼债，也该偿还了，这是对自家草台简陋的自嘲自谦。后来，“还眼债”一词演变成贬义词，成了乐平人常用来骂人的话，指责那些行为不端的人。

还有一个趣闻，发生在上个趣闻的十年后。1942 年 2 月，鄱阳县烂泥畈邹家村有个村办太子班，为了联络同姓之间的感情，这个村里的长老带着戏班子来到乐平河头邹家村演出，这种演出在乐平一般叫华宗戏。河头邹家的村民一见有戏看，自然是欢欢喜喜，大家一齐拥到台前看戏，没想到挤来挤去，把刚刚搭建好的草台给挤塌了。眼看戏演不成了，大家互相埋怨起来。这时村里一个长辈站出来，号召大家一起动手，重新搭台，村民们你扶我扎，很快就把草台搭好了。虽然是草台，台两边的立柱上也是需要一副大红对联的，就有一个叫邹国魂的村儒，随即将这有趣的一幕编成对联，一挥而就，贴到台上，大家一看，写的是“做戏看戏看做戏，搭台倒台搭倒台”，忍不住哄堂大笑。

这两则趣闻，时间地点明确，应该是真实的。

第二章 筑境凝华

第一节 择址而筑 顺应造化——古戏台的选址

在中国的传统中，建房子是一件非常重大的事，是关系到成家立业、子孙兴衰的百年大计，是许多人一辈子的追求与梦想，所以人们往往极其慎重地对待它。在农耕时代，相当多的人毕生也未能实现这个愿望。所以，如果能建上一座属于自己的房子，对家人、对自己的人生都是一个完美的交代。因此，民间形成了许多与建房有关的习俗。对于一个村子来说，建造一座代表全村门面的戏台，同样如此。甚至因为是众人之事，关系到全村的兴衰，每一个环节都极其讲究。而戏台的选址成为重中之重。

中国古人很重视地理环境的选择，建造戏台前，会请专人来察看地形，选择宝地，定好戏台的朝向。

选地基要选顺势，首先要选择村中的开阔空地，不能扰民，否则一开始就被视为不吉利。其次要考虑周边环境，要选择能够防潮、防晒、防风、通风的地方，确保戏台能够处于“六合安静”的环境中。然后要考虑朝向。与一般的住房刚好相反，乐平古戏台的朝向通常是坐南朝北，这种朝向被认为有助于演员表演和观众观赏。还要考虑选在向阳有水的地方，忌讳选在干燥的地方或太潮湿、背阴的地方。流水通江海，寓意是“财源茂盛达三江”“福如东海”。其中虽有许多迷信的成分，但也有很多讲究是符合现代科学的，具有一定的合理性。

地址选好了，接下来定开基、立柱、上梁的时间，也都要请人来选择“黄道吉日”。“黄道吉日”不一定都是晴天，万一选定的时间遇上刮风下雨，无法动工，也必须象征性地动一动土，再砌上一块石头，表示没有错过良辰吉时。

第二节　如跂斯翼　如翚斯飞——古戏台的外观

乐平古戏台无论是哪种形制，不管局部有着怎样的差异，整体上风格统一，是徽州与饶州文化的结合体。戏台的制作材料以木、石、砖

乐平坑口戏台

三间四柱五楼式戏台

为主，正面为牌楼式，一律插有方天画戟，外观清一色青砖灰瓦，墙体呈三面包围形式，两边砌成高耸的马头墙，有的为前三后四造型，有的为游龙状，顶上双披屋顶，屋脊两端是造型优美的鳌鱼。

戏台有前后台之分，左右对称，大一些的戏台两边有两间休息准备间。台上顶棚绝大部分有藻井，体现了“天人合一”的思想。总结起来，乐平古戏台有如下五种类型：

第一种较简单，如同一座三开间的房屋，房屋的两侧是带马头墙的硬山式墙面。只不过正立面是敞开的，中间作为演出场地的开间比两侧的次间要宽得多。

第二种比第一种略显复杂，中间一个开间的屋顶抬高，而且正立面中间的屋顶还带两个高高的翘角，形成歇山顶的形式。

第三种与第二种相比，不同的是中间凸起的屋顶由一层叠加成三层，形成三重楼，五个楼顶。

第四种更为复杂，不仅有五个屋面，而且有五个开间，不过只有中间三个开间敞开作为舞台，两头的两个开间为乐队使用。另外，舞台的两侧也没有马头墙，因此从侧面看过去，戏台的造型富有变化。

第五种是在第三种的基础上，两边各增加一个开间，形成五开间、七重顶硬山式的戏台。然而，两头两个开间也和第四种一样，是不敞开的。

这五种类型的戏台又有共同点：舞台中部用后屏壁将前后台分隔开来，后屏壁两侧为“出将”“入相”，即上下场门。有的戏台上下场门甚至有两对或三对，多处理成阶梯平面，相当于现代舞台的侧幕或边幕，视线在两侧界定的范围内。台基一般高 1.6 米左右，台面至天花板间的距离为 4 米左右，台口立柱间距离为 9 至 10 米，左右立柱至配房各 2 米左右，总长度为 13 至 15 米，台口至屏风进深 4 至 5 米。

在装饰上，近 500 座戏台更是群芳争艳，各领风骚，但总体上仍有着统一的风格。台面均为牌楼式，三五重不等，台脊形式多为歇山顶或硬山顶，台面飞金上漆，金碧辉煌，屋脊中央均插有方天画戟，屋脊的两端翘起的是线条优美的鳌鱼，隆起的层层屋脊向外延伸部分，都呈极挺拔的飞檐翘角，檐下一般都悬挂铁马风铃。几乎所有的屋脊上都栖有祥禽瑞兽；戏台天棚中央，则大都使用了藻井。台上几乎所有的木构件上都巧妙地雕有精美的浮雕，或吊钵，或花篮，或琼草瑶花，或狮虎龙凤，更多的是各种戏文。这些雕刻造型之优美，工艺之精湛，堪称木头上的刺绣。

第三节　瓜剖棊布　别出机杼——古戏台的布局

乐平古戏台不但讲究整体布局与周边山川地势的和谐，也讲究各部分构件的处理。全榫卯结构不仅使得它极为精巧，富有韧性，承载

宝顶

较大的负荷，允许一定程度的变形，消减地震的损坏程度，而且不受铁锈侵蚀，有较长的使用寿命。

屋顶　屋顶在乐平古戏台建筑中起着至关重要的作用，它脱胎于普通民房，又有所不同。古戏台的屋顶造型，根据形制与功能可区分为庑殿、歇山、悬山等形式，屋顶上有众多不可或缺的构件，例如宝顶、屋脊、脊兽、瓦当等。这些构件既具有装饰性，又有实用性。宝顶是传统建筑中较为特别的构件，大多在面积不大的屋面使用。宝顶所处的位置是屋脊中心，也就是整个建筑的重心上方，不管戏台屋顶有几个坡面，最后都通过流线型屋脊“攒”在一起，如同《红楼梦》中宝玉第二次出场时梳起的发型，“小辫”编成“总辫”，好比块块黑瓦收束成屋脊，再戴上“金冠”，也就是宝顶。一般人家住房屋顶的“宝顶”部分是状元帽的造型，而古戏台的宝顶借鉴了皇家和庙宇的造型，用七层或者十三层宝塔状瓷器装饰，顶端再插上方天画戟、叉或寿字等造型，蕴含着镇宅驱邪的寓意。客观上，宝顶除了平衡屋顶负重外，也起到了避雷针的作用。在横跨戏台屋顶左右两边的屋脊上，还装饰有脊兽，这些脊兽或狮或鹿或麒麟，呈偶数在宝顶两边背向对称分布，屋脊两端为螭吻，有的为高翘的鳌鱼尾。

立柱与石础　立柱是古戏台的主要承重结构，绝大部分的立柱没有装饰，但是在观众可见的立柱上都会有楹联。近些年来新建的仿古戏台，在最为显眼的台口前最大的两根柱子上，有不少饰以金色蟠龙，显得颇有气势。但就观剧效果而言，这样的装饰并不是最好的选择，因为它会使观众注意力分散。柱础的造型和装饰都十分考究。柱础由麻石做成，直径比柱子的直径长，这样可以增大承重量，也使得柱子与地面隔开，避免水汽传导，起到防潮、防蛀作用。柱础造型多为八角底座圆柱体，柱础大多饰有线刻或浅浮雕，造型多依圆柱体雕刻成莲花座状。这样的设计灵感应该是受佛教文化的影响，来源于莲花独特的形态和寓意。莲花在佛教中有着特殊的意义，它是佛教的象征之一，与佛教教义中的净化和超脱相联系，代表了神圣不可侵犯；莲花外形美观又庄重大气，符合中国传统审美中对和谐美学的追求，又常常被视为纯净无瑕的象征。当莲花与汉语相结合，会产生一系列奇妙而又美好的联想，如“连年有余”等。

立柱

石础

梁枋　与立柱的支撑作用不同，位于立柱之上的梁枋，发挥着将各部分紧密连接起来的作用。梁有主梁、游梁、月梁之分，呈向上弓起状，以增大承重量。主梁是整个建筑最主要的连接体，位于屋脊的下方，在所有的梁中最为粗壮，且体积最大。游梁在戏台正面上方，连接台前两根主立柱。月梁最短，在上下场门的上方，因形似月牙而得名。主梁因不为观者所见，除画有简单花纹外，不事雕刻；游梁上则雕刻狮子、龙凤图案；月梁上刻有戏曲故事或者典故，也有的直接书写“出将”“入相”或其他字样。与梁相比，枋的尺寸小，且大多为平板状。与梁一样，凡为台下观者能见的枋，都会进行装饰，或雕刻或彩绘，图案基本上为戏曲中的名人名场面。乐平古戏台上的彩绘并不崇尚艳丽，基本上使用单色或金色油漆填涂，不仅美观大方，也减少了风吹日晒对木材的侵蚀，延长了古戏台的寿命。

值得注意的是，近年来一些新建的乐平仿古戏台，在进行彩绘时，使用了大红等艳丽的色彩，不仅不符合乐平古戏台的艺术风格和一贯的审美情趣，也使得整个戏台建筑显得肤浅和俗气了。

斜撑

斗拱

斗拱、斜撑与雀替　斗拱由小块木料穿插拼合而成，乐平古戏台上最有特色的斗拱是蜘蛛拱，此外还有田字拱、米字拱、八字拱、百蝶拱等。从名字上看就知道其中的寓意，蜘蛛又名喜蛛，蜘蛛拱寓意为“喜从天降”，田字拱、米字拱体现了人们对土地和粮食的珍视，八字拱寓意为八字支撑或者八面来风，百蝶拱则意味着自由、蝶变。在一般房屋柱与梁的接合部三角区，我们通常看到的是略显呆板的牛腿在支撑着，但在乐平古戏台上，则由精美的斜撑与雀替支撑。斜撑负责把梁顶端的重量变为直压力，雀替则是减轻了立柱与梁交接处的剪力。这两种构件，因为匠心，被美化为各种神人神物，使得整个戏台的每处关节变得灵动起来。

门饰、屏风与窗棂　门饰、屏风与窗棂在乐平古戏台上纯粹属于装饰性的部件，观众目不能及的地方，皆为普通板壁，凡是正对着观众的板壁，便有了门饰、屏风与窗棂的造型，基本上这些门不能开关，屏风不能移动，窗棂不能开启。这些门饰、屏风与窗棂上面雕刻着缠枝牡丹、

屏风

雀替

向日葵等植物纹饰，也有云龙花纹，为防止腐坏，还会涂上油漆，并加上金色的装饰，显得华丽多姿、玲珑剔透。

吊篮与悬柱　与门饰、屏风、窗棂一样，吊篮与悬柱在乐平古戏台上的作用也是装饰。吊篮、悬柱都是戏台上方下垂的柱头，如不加以修饰或者不吊不垂，整个戏台的造型就显得单调、古板，缺乏意趣。对这些吊篮与悬柱的处理，工匠们采用的是镂雕，造型大多数是花碗式或者宫灯式，美轮美奂、玲珑秀雅。

吊篮

藻井　藻井作为古建筑构件的造型艺术的一种表现形式，如伞如盖，清代中期以前出现在宗教或者皇家建筑上，民间少有。但在乐平古戏台上，藻井是三绝之一（前面的各种雕刻也是三绝之一）。藻井的造型为穹顶，底部大多数是圆形，也有八角形。制作时将一个个细小的木制构件也就是斗拱相互交错，层层叠加，呈螺旋状向顶部盘旋，逐渐向内收缩成一个半球形。乐平古戏台上大胆运用藻井，其实源于趋吉避凶的愿望。东汉应劭《风俗通义》中关于藻井就有这样的记载："井者，东井之像也；藻，水中之物，皆取以压火灾也。"井为水源，藻为水草，水能克火，表示永葆戏台无恙，不受火侵。藻井的圆与台面的方，正合了古人"天圆地方"的思想，体现了古人对于自然和自然现象的敬畏与崇拜。在实际使用中，由于藻井处于戏台的正中央顶部，演员在演唱时，藻井正好发挥了一个腔体的作用，成为演员体外的一个共鸣腔，演唱时声音不向外扩散，而是向上凝聚，变得浑厚而具有穿透力，可以让演员清晰地听到自己声音的回送和将声音向观众区传送。这使得藻井客观上成为那个时代的"共鸣音箱"。正是基于这个现象，现在流行一种说法，认为乐平古戏台中的藻井设计，是当初工匠们懂得声学原理，有意而为之的。但是，仔细推敲，藻井在被应用到戏台之前，无论在宗教建筑还是皇家建筑中，都不需要它在声学上的作用。藻井的意义在于其与天宇的关联、封建等级制度的体现以及装饰艺术价值的呈现。藻井的独特形状和构造，带给人一种视觉上的冲击和享受，同时也通过整体的美感提升建筑的档次和品质。在等级森严的封建时代，乐平先人能够大胆地将藻井用到古戏台上，既是对宗教与皇权的尊崇，从另外一个意义上说，也是对等级制度的一种蔑视，对自由平等的追求。

藻井

飞檐翘角

飞檐翘角　飞檐翘角是中国古建筑的特色标识，是屋角的檐部向上翘起的部分。它不仅有着遮风避雨的实际作用，也是中华美学的独特展现。如鸟斯革，如翚斯飞，翼角凌空，飞檐展翅。

飞檐翘角在乐平古戏台“三绝”中是最“绝”的，凡是目睹过乐平古戏台雄姿的人，无不为斗拱上的二重或三重飞檐翘角所折服。因为这翘起的角度和伸展的长度都被夸张到了无以复加的地步。它们挺拔、陡耸，如戏中武将背后的靠旗，又如数对舒展拍击的鹏翅，轻灵翔动，有一飞冲天之势。作为中国古建筑的标识，飞檐翘角很常见，但是造型夸张到乐平古戏台这种程度是极为罕见的。其中，除了有技艺的炫耀，有对险、奇、美的追求外，很难说没有注入人们那种挣脱重负、一飞冲天的理想。

我们说到飞檐翘角时，常常会认为这是建筑的同一个部分，其实飞檐和翘角是关系密切的两个部分。中国古代建筑最早设置飞檐，是为了改变瓦面在下雨的时候排水的角度和线路，使其形成一个反宇弧度，避免雨水溅入屋内。飞檐起翘的角度越大，出水方向就越向外，雨水就被引得越远。飞檐分为檐椽和飞椽两个部分。从下往上看，下面的一层叫檐椽，上面的一层叫飞椽。飞椽的走势不是顺着檐椽往下走的，而是略微抬起。就这样看似简单的一个抬起，檐口就形成了弧度，呈展翅飞翔的形态。这种飞翔的形态，在乐平古戏台上显得尤为突出。翘角，又称翼角，远远伸出的建筑四角之所以能稳稳地“翘”起来，是因为角梁的作用。由于角梁基本露在室外，对建筑的外形有影响，因此，对角梁的装饰也非常多。在乐平古戏台上，我们看到的角梁的装饰通常为八字拱或米字拱，拱的接合部贴上亮片，熠熠闪光，这是因为角梁常常会被雕刻装饰成展翅飞翔的凤凰，这样的布局会使整个结构协调美观。角梁由上下两层构件“叠涩”出挑，下面一层叫作“老角梁”，上面一层叫作“仔角梁”。老角梁加两椽径，仔角梁加一椽径；或老角梁加三椽径，仔角梁不加。“翘角”的形成不光靠老角梁和仔角梁，还需要角檐椽与角飞椽配合，需要角斗拱协助，斗拱托起的橑檐枋，才能把屋檐挑得更远。

第四节　阴阳五行　相克相生——古戏台上的方位

在戏曲演员的术语中，通常会听到“上场门、下场门、九龙口、大边、小边”等方位称谓，也有“扯四门”“四门斗”“站门”“挖门”等表演术语，还有“龙从火里出”“虎向水边生”“救场如救火”等行话，这些都与戏台上的方位有关。

乐平古戏台藻井对台面，寓意为天圆地方，各个方位对应着五行八卦，讲究四平八稳、阴阳平衡。

如果把整个戏台环境因素以及演员、观众考虑进去，戏台为“土”，演员为“木”，观众为“水”，上场门也就是“出将”口为“火”，下场门也就是“入相”处为“金”。金木水火土，相生相克。

戏台为“土”，观众为“水”，土能挡水，水能漫土。戏台把演员与观众隔开了，保证了演员的表演空间，但同时没有隔断观众与演员的交流：演员表演精彩，征服了观众，观众会喝彩欢呼，抛掷礼物，甚至上台打彩；相反，演员表演失误，观众会骂声不断，甚至抛投甘蔗杪，引起“水漫金山”。

演员为“木”，“木”逢“土”生，演员只有在戏台上才会绽放光彩，实现自己的人生价值。“出将”口也就是上场门为“火”，火能焚木。上场门对演员来说至关重要，一个演员有没有出息，出场走三步就知道了。“入相”处即下场门属“金”，金为煞。演员本是平常百姓，上台装扮成帝王将相，一旦“入相”，即意味着扮演的角色下场或者死亡，演员转到后台脱去“伪装”复原本体。上场门还称为青龙门，主阳，下场门称为白虎门，主阴，两者结合，取其阴阳调和。艺人以艺求财，讲究的是平安吉利，上场一切顺利，下场事事平安，远离祸灾。这就是旧时艺人们敬畏戏台的原因。

五行中有四大神兽：东青龙、西白虎、南朱雀、北玄武。戏台因合天圆地方，共分四门八个方位，故有青龙、白虎、朱雀、玄武，天之四灵，以正四方。戏曲表演术语中的“扯四门”“四门斗”“站门”“挖门”，不仅要求演员对应现实生活中的门，更要熟悉戏台上的八个方位，心里要有“四平线”，门有门道，线有线路。如果演员心里没有“门”，没有“四平线”，整个戏台上的行动就会失去章法，位置错乱，线路不平不正，也就没了平稳，呈现的画面就会失衡，显得杂乱无章。

戏台上的“九龙口”，就在上场门出场三步的位置，因上场门对应九龙之一的青龙门而得名。这个位置很重要，在戏曲表演程式里，无论演员扮演的是帝王将相公卿，还是三教九流市井渔樵，都必须在“九龙口”亮相，这是为了让观众看清角色的面目，留下深刻印象，也是对演员有没有“范”的考验。

第五节　琪林珍树　玉殿瑶池——古戏台上的琪花瑶草

和中国其他传统建筑一样，乐平古戏台上用来装饰的花草，不仅使整个戏台充满美感，而且具有象征意义。这正是中国人精神追求的体现。在古戏台上，出现最多的是牡丹、梅、兰、竹、菊、石榴、葫芦、莲、灵芝等。

牡丹　牡丹是花王，自然是花草类吉祥图案的主角，缠枝牡丹是古戏台上最常见的造型。缠枝牡丹又被称为“万寿藤”，是一种传统的吉祥纹样。牡丹本身就是富贵之花，缠枝牡丹的图案则强调了这种富贵的寓意。同时，它连绵不断，又象征着富贵的连续性和完整性，象征着生命的延续和繁衍，象征着人生圆满，世代相传。

梅兰竹菊金饰图案

梅 无论是“岁寒三友”还是“四君子”，梅都占据一席。“梅花三弄”“梅开五福”，甚至与戏曲故事相关的“梅开二度”，都使梅花在装饰图案中不可或缺。作为大众的社交和娱乐场所，用梅装点不是如文人墨客那样看重它的“耐岁寒”，而更多的是寄予了快乐、幸运、长寿、顺利和平安这“五福”。

兰 兰花获得人们的青睐，是因为它高贵的气质和优雅的姿态。兰花是宁静、祥和的精神境界的代表。它的中庸之美，恰好契合了文人雅士修身齐家治国平天下之道，代表着高尚的人格和高级的文化素养。

竹 竹的坚韧、挺拔、正直、高洁是人们喜爱它的原因，它的虚心，它的弯而不折、折而不断，更给人一种为人处世要柔中有刚的启示。生长速度迅猛的竹，被视为不断向上、追求进步的象征。竹的形象潇洒挺拔、清丽俊逸，如同翩翩君子，丝毫不乱的纹理和青绿的颜色不仅带给人宁静和美好的感觉，也满足着人们青春永驻的愿望。当竹和瓶组合在一起，是“竹报平安”，而竹和石组合在一起的时候，一种不屈的信念和毅力就突显无遗。

菊 在崇尚谦和、朴实、高洁、隐逸君子之风的国人眼里，菊是这种追求的最好形象代言。但出现在古戏台装饰中，它的含义要作更多的延伸：“菊”与“吉”“久”方言谐音，因此常被视为吉祥和长寿的象征；菊花金黄肥硕，与皇家专用色彩相同，对于崇尚权势和富贵的人来说，很容易想入非非，毕竟“飞黄腾达”是许多人的愿景。

石榴 在古代，科学还不很发达的时候，人口多成为抵御疾病、自然灾害，承继家族宏业或者继续为家族的梦想奋斗的保证，因此“多子”成为人们求福报的重要寄托。而能满足人们这一精神需求的花草，自然以“多子”形象示人，石榴、向日葵就成为包括乐平古戏台在内的古建筑的重要装饰。

葫芦　葫芦因它的形象封闭，圆润可爱，常被医者作为承药器具，也是嗜酒者最好的伴侣。《封神榜》里神仙们的许多法宝都是藏在葫芦里，有的葫芦本身就是法宝，像《西游记》中太上老君的葫芦不仅可以装金丹，还差点把孙悟空化为血水。此外，葫芦被认为具有神奇的化病消灾、强身健体的功效，如果家中有久病之人，只需在床头或门口挂一个葫芦，即可减轻或化解病痛。葫芦还被视为吉祥物，具有招财聚财、改善气场、广结人缘、驱灾辟邪等作用。加上葫芦谐音“福禄”，葫芦的“蔓”与“万”谐音，因此被视为招财纳福的吉祥之物。在古戏台的雕刻中，葫芦常常伴随着寿星出现，挂在他的拐杖头上，这就将“福禄寿”统一了起来。

莲　莲在东方文化中具有很深的寓意。莲花不仅是佛教四大吉花之一，同时也是佛教八宝之一，还是佛教九大象征之一。在佛教中，莲花被认为是清净、圣洁、吉祥的象征。佛国的净土圣贤都以莲花为座，以此来体现其清净庄严。在周敦颐的笔下，莲花出淤泥而不染的纯洁特性，成为人的品格高洁芬芳的象征。古戏台上雕刻莲，还因为它的“因莲（恋）生爱”，因为莲与石榴、向日葵一样多子。在古戏台上，它多出现在八仙中唯一的女仙何仙姑的手中，或者与盒同框，成为“和合”的美好象征。“和合”二仙的形象总是在古戏台上占据着醒目的位置。

灵芝　灵芝虽是真菌，但自古以来就被视为具有多种象征意义的神草。尤其是《白蛇传》中对它的极力渲染，使得它在人们的心目中不仅有起死回生的功效，还因其生长在昆仑山、蓬莱岛这样的仙境中，而成为长寿不老、永葆青春的美好愿望的化身。灵芝色彩艳丽，形状类似于如意，这又使得它多了吉祥如意的寓意。还有一点，与竹子生长迅速相反，灵芝的生长速度缓慢，数量稀少，因此它又被视为财富和地位的象征，让人充满敬畏和好奇。如果世界上真有琪花瑶草，那非灵芝莫属。

以上都属于花花草草类的吉祥图案，树木类的吉祥图案能够在乐平古戏台装饰雕刻中独领风骚的只有松。松的形象往往不是独立存在，它常常与鹤和谐相处，有很多时候作为寿星的背景，因此有了“南山不老松”“松鹤延年”的意象。

在乐平古戏台上还有一种似云似龙似如意的纹饰，如浒崦古戏台月梁上的“如意纹”。如意纹呈带状，随构件的形状而改变。如意纹回环往复的造型给人四季轮回的联想，其寓意为万代如意。

第六节　吹影镂尘　麟趾呈祥——古戏台上的祥禽瑞兽

在乐平古戏台的装饰雕刻图案中，最夺人眼目的祥禽瑞兽是龙、凤和狮子。

龙　作为一种神话中的动物，龙的形象出现在中华文化中有5000至8000年的历史，新石器时代的先民出于对大自然的崇拜与祈盼五谷丰登的愿望，在心中构造了一种拥有马头、鹿角、蛇身、鱼鳞、鹰爪、鱼尾等特征的神兽。龙的形象刚柔并济，上天能飞，入水能游，且被赋予了超自然神力，集权势、力量、智慧于一身，寄予了人们所有的梦想。龙的形象随着时间的推移，也在不断发展着，由最早的新石器时代简单质朴的“原龙”，发展为夏商周时期神秘抽象的“夔龙”，再到春秋战国与秦汉之际粗犷雄健的“飞龙”，魏晋隋唐刚柔并存的“行龙”，宋元明清复杂华丽的“黄龙”，直到当代的吉庆嘉瑞的“祥龙”。乐平古戏台上的龙的形象绝大多数为“飞龙”，而作为边框花纹的装饰，也有似云似草的“云纹龙”。近年来新增添的戏台上，主立柱上出现了蟠龙形象，群龙的形象就只有额梁枋上有，如“九龙出海”“五龙同朝”。“九龙出海”代表着力量和气势，其寓意为“九九归一”，团结一心。“五龙同朝”则代表着青赤黄白黑五色，对应五行，寓意为健康和谐。

凤凰　凤凰是一种最具代表性的神鸟，常常与龙相提并论。在传说中凤凰出现的时间大致与龙相近。与龙的形象一样，凤凰也被人们赋予了特殊形象，集合了多种鸟类甚至兽类的特征，如鹰、雉、燕、蛇、龟、鱼等。在人们的想象中，凤凰有着细长而优美的身体，五彩斑斓的羽毛，眼睛明亮有神，尾羽非常长，华丽鲜艳如彩虹色彩，与龙发出响亮而又深沉的长吟不同，凤凰的鸣叫被人们描绘为如金属般铿锵清脆，悦耳动

祥禽瑞兽雕饰

凤凰雕饰

听，具有很强的穿透力和回响。在中国传统文化中，凤凰的形象代表着吉祥、美好、繁荣和重生，所谓“凤凰涅槃”“浴火重生”就是由凤凰自我更生而生发出来的。凤凰的形象在任何时候都是展翅飞翔的，带给人们吉祥、美好和繁荣。如果是“凤戏牡丹”，那就加上了富贵荣华的寓意。

狮子　如果说龙和凤作为传说中的神兽，是完全意义上由人们臆造出来供自己崇拜的神兽，还算得上“本土”出品的话，那么在乐平古戏台装饰上与龙凤比肩的狮子则完全是外来的、被神化了的凡间“神兽”。

狮子的最早记载出现在汉代。《汉书 · 西域传》载 :“乌弋（即古国乌弋山离国，今阿富汗坎大哈一带）地暑热莽平……而有桃拔、师（狮）子、犀牛。”三国时孟康在注《汉书 · 西域传》时为狮子“画”像 :“狮子似虎，正黄，有髯须，尾端茸毛大如斗。”根据学者对《后汉书》中的记载统计，发现章和元年（87）、章和二年（88）、永元十三年（101）、阳嘉二年（133），月氏（今伊犁河谷一带）、安息（古波斯王朝名，存在于前 247 年—前 224 年）等国，都曾派使者送狮子来中国。但从西域进贡来的狮子，普通老百姓是不可能有这个眼福的，只有皇家才能一睹真颜。这从《后汉书》到《明史》的记载中可以看出，因为在这些史书中，有关狮子的所有记载都出现在“帝王本纪”中。

九狮图雕饰

狮子深受国人的喜爱，除了因为它威猛的外形、神秘的外来身份以及来华后的“秘不示人”外，还有一个原因就是佛教在中国的传播。在佛教中，佛祖释迦牟尼直接被称为“人间狮子”，佛所坐卧的床甚至打坐的地方，都被称为“狮子座”，佛的话常含教诲警语，能够使人醍醐灌顶，幡然醒悟，所以被比作“狮子吼”。在佛教的画像和塑像中，许多场面都与狮子有关，如力波罗蜜菩萨手持的法器荷叶之上就有狮子，文殊菩萨的坐骑也是狮子。狮子在佛教中的重要地位直接影响到它在人们心目中的地位，人们逐渐把它视为镇邪驱邪的神兽。

正是狮子的这种神秘，给人们带来了无限的想象，狮子的造型融入了中华文化的意象，与真实的原型相距甚远。虽为外来动物，狮子的文化内涵俨然成了中华文化的重要组成部分。

无论在什么场所，狮子的形象通常是一公一母成对出现的，即便真正的狮子公母形体有大小差异，但艺术化的狮子几乎一模一样，区别只在于雄狮脚踩绣球，母狮呵护幼崽。狮子滚绣球是中国传统文化独有的创造。作为“百兽之王”的狮子，它威武雄壮，本身具有强大的威慑力，但人们给它配上了色彩鲜艳的绣球。

绣球在中国传统文化中通常象征着吉祥、喜庆和好事连连，原本在传统婚礼中使用。人们创造狮子滚绣球的图案，寓意为消灾、驱邪、好运降临。这就不难理解舞狮为什么会成为与舞龙灯一样深受中国百姓喜爱的活动了。

在乐平古戏台的装饰中，狮子造型也是很醒目的，要么是游梁上的“九狮过江”，要么是额枋上的“五狮夺宝”。“九”象征着长久和丰足，表达了对“吉祥如意”和“天下太平”的美好愿望；“五”则是“五世同堂”“五子登科”“五福临门”的体现。

麒麟　作为中国古代神话中的神兽之一，麒麟与凤凰一样，也是雌雄合称，麒为雄，麟为雌。麒麟的形象为鹿身、牛尾、龙头，头上有角。关于麒麟，《诗经·国风·周南·麟之趾》就有吟咏：“麟之趾，振振公子，于嗟麟兮。麟之定，振振公姓，于嗟麟兮。麟之角，振振公族，于嗟麟兮。”这首诗的意思是说周文王的子孙知书达理。因为这首诗，麒麟在中国传统文化中成为德才兼备的象征。此外，麒麟还有驱邪避祸、遇难成祥等寓意。但在麒麟的众多寓意中，最为大众所推崇的就是送子功能，这也是麒麟受到人们青睐的原因。“麒麟送子”的说法与孔子相关。东晋王嘉的《拾遗记》中说：孔子的父母在生孔子之前，已经有了一个儿子，但这个儿子先天足残，按照古代的规矩，这样的儿子是不能承担祭祀之事的，祖宗会见怪。为弥补这个遗憾，孔子的父母就到尼山向神灵祈祷，祈求神灵再赐一个儿子。夫妇二人回家后不久的一天晚上，忽然有一头长相奇特的神兽大模大样地踱进阙里街。只见它步态优雅，不慌不忙，见到孔子的父母，就从嘴里吐出一方玉帛，上面写着：“水精之子孙，衰周而素王，征在贤明。”孔子的父母不解其意。神兽离去后的第二天，孔子出生了，之后成为一代圣人。原来那玉帛上写的话，意思是说这个孩子是水精的子孙，虽不居帝王之位，但有帝王之德。孔子出生后，人们才知道那头神兽是麒麟，是专门负责送子来的。此后，人们便把儿子称为“麟儿”。正因为这个原因，在乐平古戏台的雕饰上，麒麟的形象总是出现在很醒目的位置，如额枋和主柱与桁梁之间的斜撑上。

鳌　鳌又叫螭吻或者鸱尾，出身不凡，是“龙九子”之一。在民间，它又被俗称为“吞脊兽”，因此在乐平古戏台上，它被安放在屋脊两端以及屋脊正中叠加的重脊上，也会出现在封火墙的前后端，还会充当主柱间的雀替，所起的作用就是封堵、衔接、保护，使雨水不容易渗入，加固建筑的平衡。鳌的尾巴高高翘起，线条优美，颇有特立独行、桀骜不驯的派头。这样的形象，使“独占鳌头”成为人们追捧的寓意。只要有通过考试选拔的场合，鳌便被赋予出类拔萃的象征。封建时代的皇宫庭阶前就有巨石雕刻成的鳌，每次科考后殿前迎榜，新科状元就站在巨鳌的头部，“独占鳌头”。或许为了使巨鳌也能“生生不息”，人们在传说中赋予了巨鳌性别，雄性金鳞葫芦尾，雌性银鳞芙蓉尾，这样在建筑装饰上既“成双成对”，又富有变化。鳌被广泛使用在诸如古戏台这样的重要建筑物上，还跟它另外的传说有关，其一便是著名的“女娲补天”，它被砍下四足，化为天柱，把天顶着；其二便是它能“浮天载地”，支撑太平；其三便是取它出生于水中，善于破浪行雨的特性，用于辟火消灾。

鳌雕饰

第七节 形骸文墨 意气神仙——古戏台上的神祇

乐平古戏台上除了使用琪花瑶草、祥禽瑞兽等吉祥纹饰来纳吉祈福外，还会借助不少神仙的形象来表达同样的愿望。在这些形象当中，最为突出的并非如来观音、玉帝王母等，而是“福禄寿财喜”等五福神。实际上，还有一个神祇又在五福神之上，是独一份的存在，他就是魁星。

魁星 魁星又叫奎星，关于他的说法众多。有的说他就是奎木狼，也就是《西游记》里化身黄袍怪的那个；也有的说魁星其实是北斗七星中的“天枢、天璇、天玑、天权”四颗星宿的总称；还有的说魁星其实就是捉鬼的钟馗，说钟馗实际上叫“钟魁”；更有的说“奎星”和“魁星”根本就是两颗星，虽然都属于二十八星宿之一，但所处位置刚好一西一北。

尽管众说纷纭，但关于魁星有一点是相同的，即他是文才出众的代表，是古代读书人的信仰，寄托着人们对知识和出人头地的渴望。所谓“自古文章无凭据，但愿魁星一点斗”。

魁星成神后，人们并没有美化他，他依然是“鬼”气十足，一脚向后翘起，如“鬼”字弯钩，“屈曲相钩，似文字之画”，颇符合“魁”字的形象，这可能是从“奎”到“魁”的原因。又从“魁”中拆出“斗”字，左手托起，右手执笔指点，这便是“魁星点斗”，即点状元，又让他立于鳌头之上，“独占鳌头”。这便是乐平古戏台额枋正中常见的魁星造型。

在乐平民间，流行喝酒划拳行令，其中猜五时就会说“五魁首”。“五魁首”的意思是“五经魁首”，明代时以《诗》《书》《礼》《易》

《春秋》为“五经”，乡试时，每科的前五名必须是“五经”中某一经的第一名，称为“五经魁”，魁者，第一名也。

福星　“五福临门”是民间常有的说法。所谓“五福”，据《尚书·洪范》解释，指的是“寿、富、康宁、攸好德、考终命”。东汉桓谭《新论·辨惑》中的解释是“寿、富、贵、安乐、子孙众多”。而在民间最为通俗广泛的说法是指福运、福气、运气等等。所谓福星，即岁星，也就是木星。乐平古戏台上，雕刻“天官赐福”是最常见的素材。天官赐福的说法最早见于《三国志·张鲁传》，说的是东汉道教创始人张陵死后，他的儿子张衡继续传道，并大力倡导“三官”信仰。所谓“三官”，即天官、地官、水官。福星的形象是吏部天官的模样：身着红袍，腰缠龙绣玉带，手执大如意，足蹬朝靴，一身朝官的装束，慈眉善目，五绺长髯，一派怡颜悦色、雍容华贵气象。有的福星身旁还跟着一个童子，童子手捧花瓶，瓶中插着玉兰、牡丹，寓意为“玉堂富贵平安”。也有身边跟着五个善童的，五个童子分别捧着仙桃、石榴、佛手、春梅和吉庆鲤鱼灯等吉祥物。

禄星　禄星就是禄神，主管官运的。在把仕途作为人生重要追求的封建时代，禄神是很受尊崇的一位神。有趣的是，禄星原来确实是一颗星。《史记·天官书》说：“文昌宫……六曰司禄。”这说的是文昌宫的第六星为司禄之星。巧的是禄星被人格化以后，也附会为张姓，也就是“张仙送子”的张仙，这就是禄星造型中张仙除了手持笏板外还抱着一个小儿的原因。旧时文人，毕生对功名利禄孜孜以求，虽有宋人陈仲微“禄饵可以钓天下之中才，而不可啖尝天下之豪杰”的清高，但数千年来，人们大都不想“脱俗”。所以，“加官进禄”“福禄寿”“官上加官”“加官晋爵”“马上封侯”“平升三级”等吉祥图案在乐平古戏台上频繁出现也就不足为奇了。

寿星　寿星虽然排在福星和禄星之后，却是最受民间欢迎的福神，这大概是因为人们普遍认为：有人才有一切，有了寿命才能享受福禄。在“福禄寿”三星中，寿星是神味儿最淡、人味儿最浓的一个，几乎随处可见，寿星形象也最让人感到亲近。寿星没有福禄二星的威严，一手拄着龙头拐杖，一手托着寿桃，弓腰弯背，慈眉善目，白须飘逸，最引人注目的是那颗肉肉的、凸出的大脑门。有趣的是，象征着禄的“白鹿”，在乐平古戏台上除了作为鹿撑单独出现外，更多的是紧跟着寿星，成为寿星的坐骑。

寿星雕饰

麻姑　“麻姑献寿”是民俗吉祥画的重要题材。麻姑的形象一般出现在古戏台台面的悬柱上，手中托着一个盘，盘中有仙桃、美酒和佛手。如果是在屏风上，麻姑形象会处理成腾云驾雾，身边伴着飞鹤；如果是骑着白鹿，就会伴以青松。

中国诸神自诞生之日起，他们的形象基本上就是固定不变的。麻姑的形象是个十八九岁的少女，但她的岁数是谁也说不清的。据《神仙传》中麻姑自述，她经历过三次沧海桑田，而每次王母娘娘生日，麻姑都会献上绛珠河畔灵芝酒，这就是“麻姑献寿”。

财神　财神不止一位，分为文财神和武财神，往往呈对称分布在台面悬柱两侧。文财神又有两位，是比干和范蠡。比干是《封神榜》里的人物，为人耿直，因斥责纣王荒淫失政、暴虐无道，被纣王开膛挖心，正因为无心，人们认为他不会偏私，令人信服，于是奉他为文财神。另一位文财神是春秋时期的范蠡。范蠡助越王复国后，急流勇退，隐姓埋名，做起了珠宝生意，自号“陶朱公”，他能聚财又能散财，所以也被奉为文财神。武财神同样不止一位，但绝大多数情况下，一提到武财神，还是指赵公元帅即赵公明。赵公明是张天师的门徒，他骑黑虎，守护丹炉，变化无穷，被封为“正一玄坛元帅”，世称“赵玄坛”“黑虎玄坛”。而在《搜神记》和《封神榜》中，赵公明是反面人物，要么作为“五瘟”之一作恶人间，要么助纣为虐、逆天而行。不论是作为正面人物还是反面人物，他的标配没有多大变化，都是黑虎、铁鞭和定海珠、缚龙索等。后来姜子牙奉元始天尊之命封神，赵公明被封为“正一龙虎玄坛真君”，手下配有招宝、纳珍、招财、利市四神，主要管“迎祥纳福”。至此，赵公明财神形象才得以固定。

喜神　喜神也有不同的形象，但最为人们所熟悉的，是和合二仙，为一对形影不离的童子形象，一个把荷，一个捧盒。在乐平古戏台上，他们常常分立在台口立柱与游枋上，相视而笑。人们取他们手中之物“荷”“盒”谐音，将他们称为和合二仙。最早的时候，和合仙其实是一个人的形象，这个人姓张，人送绰号“万回”。他的造型很有趣，穿着一身大绿衣服，左手拿鼓，右手执棒，头发蓬松，作傻笑状。直到明末清初，和合之神被附会为寒山与拾得，便一分为二，成为“和合二仙”。寒山是天台山寒岩怪僧，与国清寺拾得和尚情同手足。他们升天后取代万回成了“和合”之神，形象不再是和尚模样，而是承继了万回蓬头傻笑的神态，更被塑造成逗人喜爱的孩童模样。“和合”一词原本指和睦顺气，寓意为家庭和美幸福，因为《周礼·地官·媒氏》有“使媒求妇，和合二姓”的句子，和合二仙便成为喜神。

刘海　在民间诸神中，刘海的知名度也很高，自然也经常出现在乐平古戏台悬柱或雀替上。赣剧剧目《万寿图》中有一折《刘海戏金蟾》，演的就是他的故事，他舞弄金钱戏耍金蟾的形象也出于此。

刘海本名刘操，又名海蟾子，历史上实有其人。他是辽朝进士，做了燕王刘守光的丞相，后得道士点化，辞官修行，改名刘玄英，道号“海蟾子”，终于得道成仙。后来随着他的事迹传开，他的名字“刘海蟾子”被拆开了，被称为刘海，又因“蟾”字被讹传为“刘海戏蟾”。他的形象是一个垂发孩童，额前有齐眉刘海，这也是刘海发型的由来。刘海虽然是一个人，但在乐平古戏台雕刻中却是如和合二仙一样，成双成对，笑逐颜开，两手各提一串金钱，有三足金蟾吞吐钱饵。

有一句俗话是这么说的：“三条腿的蛤蟆难找，两条腿的人有的是。”这三条腿的蛤蟆正是刘海所戏金蟾。褚人获在《坚瓠集》中说：“今画蓬头跣足嬉笑之人，手持三足蟾弄之，曰此刘海戏蟾图也。直以刘海为名，举世无有知其名者。”

“刘海戏金蟾，步步钓金钱”，这样的说法使得刘海被视为钓钱散财之神，刘海戏金蟾得以与和合二仙、天官、财神、麒麟送子、状元及第等合雕在一起，以示喜庆吉祥。

八仙　八仙漂海的故事同样出现在赣剧《万寿图》中，这出戏很多时候直接就叫《八仙漂海》。在所有神仙中，八仙可能是最具世俗气、最有人情味的，因而备受人们喜爱，在乐平古戏台的藻井、额梁、屏风、门窗上都可以见到他们的形象。汉钟离、张果老、韩湘子、铁拐李、蓝采和、吕洞宾、曹国舅、何仙姑这八仙，时代不同，身份不同，性别不同，年龄不同，富贵贫贱，文庄粗野，人们将他们组合在一起，就是一台戏，就是一个社会，各色人等均可从中找到自己喜欢的形象。“八仙过海，各显神通”，满足了人们在追求成功的道路上发挥各自特长的愿望，又显示了各凭本事互相竞争的精神，因而受到人们的推崇。他们每人手中的宝物，既是个人智慧的物化，也是个人身份的标配。

铁拐李又黑又瘦、又丑又拐，常背一个大葫芦，是狗皮膏药的发明者，更是医药行业敬重的药仙；汉钟离挺着大肚皮，摇着芭蕉扇，头上绑着大丫髻，浪荡不羁、闲散自由；张果老倒骑白驴、怀抱渔鼓，是说唱“道情”的祖师爷；何仙姑是八仙中唯一的女性，其法宝原为一只煮饭用的竹笊篱，后被美化成一朵莲花；蓝采和着蓝衫、扎垂髻、手持三尺云板，是个颇有才气的流浪汉，据说他原本以唱杂剧为业，常常带醉踏歌，曲不离口，给人们带来快乐；吕洞宾集“剑仙”“酒仙”“诗仙”“色仙”于一身，放浪形骸，又不失儒雅、不失人欲，情感丰富，是人们心目中最有人情味的神仙；韩湘子本名韩湘，家世显赫，叔祖是唐宋八大家之首韩愈，他热爱音乐，竹箫是其法宝；曹国舅头戴乌纱帽，身着红袍，

八仙雕饰

手捧朝笏，是宋仁宗皇后的弟弟，其进入八仙之列的原因最是语焉不详，留给人们的印象也是最模糊的。

护法神将　护法神将在乐平古戏台木雕装饰上也是常客，最著名的不是四大金刚，而是本土道教中的马赵温关四大元帅。“马”是灵官马元帅、马天君，又叫华光天王、华光大帝；“赵”是赵公元帅赵公明，又叫赵玄坛；“温”是温元帅温琼；“关”是关圣帝君关羽，又叫关帝、关公。其中赵公元帅作为财神，前面已经作过介绍。

先说说关圣帝君关羽。关圣帝君的形象很少出现在木雕中，常常被画在戏台深处的屏风上，而且画的都是秉烛读《春秋》，左关平捧印，右周仓捧刀。关羽在民间的影响，从魏至唐，并不是很大，他声威大震是自宋代开始的。在宋代，他被封为“义勇武安王”，明朝时期被加封为“三界伏魔大帝神威远镇天尊关圣大帝”，这个封号甚至超过历代帝王，历史上还没有哪个皇帝自称过“大帝”。这实在是因为他的“忠义”之名太盛，若论他的官职，最大官衔不过“前将军”，最高爵位也就是“汉寿亭侯”。他本不是佛道之人，但佛道两家争相把他纳入门中充当护法神，以壮声势。明清时代，关羽神威极显，成为“万能神”，与“文圣人”孔子相提并论，被称为“武圣人”。

说起三只眼，人们常常首先想到的是二郎神杨戬，实际上民间还有一句话叫作“马王爷三只眼”。这“马王爷”就是灵官马元帅。他头戴缨盔，身着铠甲，外罩锦袍，腰系抱肚、腰带，脚蹬如意云纹战靴，面庞长圆，眉心有第三只眼，怒目而视，左手举于胸前，手中持有金砖，右手持有长矛或月牙长枪，跨坐在火犀之上，展现出威严之态。

再来说说灵官温元帅。据明代学者宋濂《温忠靖公庙碑》和《三教搜神大全》卷五载，温元帅姓温名琼，浙江温州人。他“幼而神明，七岁学步天星，十岁通儒，经传子史天文等，靡所不通。年十九，科第不中。二十六，明经射策亦不中”。后因机缘，他吞入龙珠，变得英毅勇猛，被封为泰山神、“亢金大神”。宋代，温琼被封为翊灵昭武将军正佑侯、正福显应威烈忠靖王。人们刻画他的神像，用来驱赶疫疠。在乐平古戏台上，温元帅的形象为头戴幞头包巾，身着金甲，青面獠牙，红发赤须，面目狰狞，左手持玉环，右手执狼牙棒，胯下为狮子，显得威风凛凛。

萨真人　萨真人是个真实的历史人物，本名萨守坚，西蜀人，生活于北宋末年。他得江南第三十代天师张虚静及道士林灵素、王侍宸指点修真得道，被封为“天枢领位真人”。他的雕像是道教打扮，头发束起，戴道冠，身着道袍，上面绣有八卦、仙鹤、祥云等图案，手持拂尘，腰间挂着葫芦，目光平视，沉稳淡定。

王灵官　王灵官本名王善，其实就是萨真人的徒弟，但他的本领和名望远在师父之上，也可以说萨真人能够有后来的地位，其实完全是借了徒弟的光。王灵官的雕像威武凶猛，锯齿獠牙，虬须怒张，双目圆睁，额上还有一目，炯炯有神，右手执金鞭，左手掐灵官诀，身披金甲，足踏风火轮，一副足以镇伏妖魔的架势。

王善曾拜萨真人为师，可以算是林灵素的再传弟子。因为他的本领高强，道教就把他当作护法灵官。王灵官的威望在明代达到鼎盛，永乐皇帝朱棣不仅为王灵官大兴庙宇，就连出征漠北时，也将灵官藤像抬上，视为军中的保护神。

王灵官在道教中的地位，相当于佛教中的韦驮，因为他曾被封为“玉枢火府天将”，于是在人们眼里，他又成了火神。

十八罗汉　乐平古戏台装饰图案中最有名的“十八罗汉”是浒崦古戏台深处屏壁上高悬的额匾“久看愈好”上暗纹底的十八罗汉，如果不仔细看，很难看出有十八罗汉图。在赣剧《尼姑思凡》中小尼姑色空的一段表达内心活动的“数罗汉”唱段，更让十八罗汉的形象深入人心。

罗汉，最早称阿罗汉，此简称从印度传入中国。十八罗汉最早为十六罗汉，从唐代末期开始，依据中国民众对数字的喜好增添为十八罗汉。十八罗汉其实最早没有固定的形象，是中国古代的艺术家们根据自己的想象把他们固定下来的。如果专门说十八罗汉的名字，许多人会感到莫名其妙，也难以记住，给他们特定的形象后，就比较容易记住，且形象一下就会跳入脑海。

这些罗汉或坐鹿举钵，或托塔静坐，或过江骑象，或探手沉思，或降龙伏虎，造型不一、性格各异，不仅为乐平古戏台雕刻装饰提供了很好的创作素材，也为中国戏曲的人物造型和程式化表演提供了丰富的想象空间。

第八节　天地有象　四维八德——古戏台上的戏文故事

乐平古戏台上雕刻的戏文故事，除了神话外，也有历史人物故事，还有家庭伦理故事，其寓意不外乎祈福求寿、敬贤尚礼、忠孝节义、施仁布德、讲信修睦等，也有的展现了渔樵耕读、琴棋书画等世俗生活。在所有的戏曲故事雕刻中，封神、东周列国、三国故事应该是出现频率最高的。下面列举一些古戏台木雕上常见的戏文故事。

天官赐福　在乐平古戏台台面最为显眼的额梁上，除了龙凤狮，天官赐福是最流行的。关于天官题材的戏，从赣剧传统剧目来看，主要有《文武天官》《赐福天官》《财神天官》《九老天官》《遐龄天官》《对花天官》《三星天官》《四喜天官》《八仙天官》《十福天官》十出。这些剧目无外乎都寄托了农耕文明时期百姓对福禄寿财喜的祈求，皆为吉庆讨彩剧目，都以昆腔演唱，上场人物众多，几乎是班社倾巢而出；然剧情并无具体情节，根据主家演戏的不同缘由，内容（曲词）和上场的人物会稍有变化，其他的都是大同小异，几乎都是讲些吉祥话语，表达些世人对神仙日子的追求。这些戏里基本上都会出现玉帝、王母，然后凡是能体现人们心中祈愿的神仙都出来，向玉帝或者王母朝拜、庆寿。接下来便是“跳加官”，大部分是“三跳”，即“跳魁星”“跳加官”“跳财神”，有的还有“第四跳”:“跳麻姑”（又叫“女加官”）。最先出来的是魁星。魁星的相貌丑陋（戴着面具），台步非常奇特，扭动着身子，像孩童，更带着几分女气（有一种说法，魁星就是女身）。他跳到前台的左右角和中间，向观众炫耀手中的状元帽，这叫“显帽”，表示这官帽来之不易，然后试着往自己头上戴，戴了三次都戴不上，用膝盖将帽子撑大，仍然戴不上，于是便去点别人做状元。接下来是跳加官，演员戴面具，着红蟒，戴相貂，持牙笏，在锣鼓声中出场，撩袍，抖袖，理发，走加官步，到台口后左右看看，做进门的动作，在桌上取事先放好的一叠“加官”条子，一张一张展示给观众，上面无外乎写的是“一品当朝”“指日高升”“天官赐福”“连升三级”等字样，然后交给检场人，检场人每翻一张，演员即摆出与内容相吻合的姿势，念完，演员下场，检场人就说“某某某先生加官高升”，随即把条子贴在台柱子上，被祝贺者取下条子，向戏班行赏，赏钱不拘多少。表演“女加官”的演员不戴面具，七星额子装扮，持牙笏，台词无非是福如东海，寿比南山。跳财神的演员手捧大元宝出场，跳着欢快的小碎步，把元宝向着各个方向“送”一次，最后送给主家。

万寿图　雕刻的是玉皇大帝或者王母娘娘寿诞，众仙于凌霄殿上饮酒庆贺的场面。它讲的是玉帝或者王母寿辰，因有几位神仙尚未成道，故祝寿的寿字无法凑全。玉帝（王母）命观音引渡刘海、吕洞宾引渡白牡丹，补齐寿字。全剧由“牡丹对药”“刘海戏金蟾”“八仙过海”几个相对独立的情节连缀而成。

六国封相　如果说天官赐福和万寿图是借助神话来渲染喜庆吉祥，那六国封相依托的就是人间的真实历史。苏秦曾与张仪一同师从鬼谷先生。苏父指责苏秦不治产业，兄嫂也讥笑他“满腹文章不疗饥”。适逢秦国丞相商鞅奉命张挂黄榜，招天下文武英才。苏秦连上九封万言书，遭商鞅嫉妒，被逐出贡院。苏秦衣衫褴褛地回到家中，又遭家人冷遇。遂振作精神，发愤读书。魏国犀首公孙衍为抵抗强秦，奉王命大开榜文，有奇谋异策者，拜为将相。苏秦前去自荐，愿游说诸国，联合齐

万寿图雕饰

楚燕韩赵魏之兵，勠力同心，西向敌秦。魏王信任苏秦，命他游说六国，六国之王无不听纳，且令苏秦为纵约长，领六国之兵西向敌秦，大败秦军。战争结束后，六国在洹水设坛，拜苏秦为六国丞相。苏秦身佩六国相印，衣锦还乡。

郭子仪上寿　取材于《满床笏》，民间讹传为《满堂福》，也正迎合了人们的祈福心理。郭子仪应武举，途中偶遇李白，李白推荐他到朔方节度使龚敬处，后来他屡建奇功，龚敬又保荐他做了天下兵马副元帅。他平定安禄山之乱，收复了两京，被封汾阳王。凯旋之日，唐肃宗欲亲自为他解甲，郭子仪极力推辞，于是由龚敬、李白代劳。宦官鱼朝恩欲谋害龚敬、郭子仪，郭子仪以真诚感动了鱼朝恩，前嫌尽释。郭子仪六十庆寿，七子八婿纷纷前来拜寿，笏堆满床。后民间搬演此剧，将后半部情节改为郭子仪之子郭暧醉打金枝，成为皇帝处理家务事的伦理喜剧。

九世同堂　取材于《百忍堂》。寿张县张公艺，性情豪爽，仗义疏财，为乡里所敬重。张家自祖宗以来，九世同居，尊卑有序，和睦相处，儿孙孝顺，曾蒙两朝皇帝旌表，远近闻名，人称义门张氏。中秋节这天，张家中堂设祭祀之礼，长子张悦请父亲拈香，张员外虔诚祈求祖宗保佑全家平安。祭祀完毕，全家序长幼坐下。张员外询问三个儿子近日习文练武的情况。二儿子张翊每日雪案萤窗，准备上京应试。张员外嘱咐他“穷则独善其身，达则兼济天下”。三儿子张英自幼学习武艺，准备前去投军报国。张员外又唤来大儿子张悦，要他替自己了却三桩心愿：头一件，出资办一所义学；第二件，拨钱粮资助那些连丧不举的人家和久定难成的配偶；第三件，盖一所池亭园馆，供自己散心悦情，与松竹梅为友，颐养天年。后受张家资助的王伯清应试及第，向圣上保奏，说寿张县张公艺至今九世同堂，风俗忠孝。圣上特派使者来询问齐家之道，张员外

拿起笔写下百余个“忍”字。使者回朝复命，以公艺所言上奏，圣上大悦，赐张公艺绢百匹，免去一应差役，立坊旌表。

全家福　取自《万寿亭》。李文忠领兵抗元，有苏全五子投军杀敌，大败元军。苏氏兄弟功勋卓著，家宅被洪武帝敕为“五魁府”，全家受福。据说此剧为赣剧独有，后遭清政府下令禁演，今已不见于舞台演出。另有一出亦名为《全家福》的剧目，演隋文帝时期，西蜀茂州寨秀才韩幼奇，因家贫在贩粮商船任代笔之职，家留夫人与三子：擒龙、擒虎、擒凤。另有幼女娟仙。不料，船至番国，韩幼奇被黑水国女王黑莲秀掳作夫婿，又生一子擒豹。二十年后，两国交兵，擒龙兄弟为隋朝大将，父子阵前相认，两国遂讲和。后韩幼奇回到中原，被封为顺国公，赐“全家福”牌匾，全家团圆。

昭君出塞　这个雕刻出现在古戏台装饰中，大概是取“昭君和番”中“和”字之义。汉宫宫女王昭君不愿送礼买通画工毛延寿，被毛延寿点破画像，以致被埋没于深宫。匈奴单于前来求亲，汉皇按画遣嫁，单于选上昭君，辞驾之日，汉皇金殿召见，发现昭君与画像中模样有天壤之别，这才知道原委，遂将毛延寿处斩。因不能失信于单于，只得忍痛割爱，按出嫁公主的仪礼送昭君出塞。昭君换上匈奴衣装，跨上雕鞍，哀哀上道。一路上思前想后，昭君气结愁云，只得借琵琶抒发别恨幽怨以及永离汉土的绝望。一曲九曲回肠的琵琶，使千秋罗绮伤悲。但昭君和番终究换来了数十年天下太平，这正是人们怀念她的地方。

渭水访贤雕饰

渭水访贤　取材于《八百八年》。西岐周文王一心访贤，出巡至渭水河边，见一老翁垂钓，看时，见鱼钩为直的，问老者何故。老者说："愿者上钩。"文王见老者谈吐不凡，觉得此人正是他要找的贤人，于是邀其乘车，亲自将老者拉回都城。整个路程正好是八百零八步。老者就说："你作为一国之主，亲自拉我八百零八步，我保你周朝八百零八年江山。"这老者就是姜太公，他在渭水河边垂钓，并不为钓鱼，而是等文王。这大概是最早最有名的敬贤故事了。

三顾茅庐　取材于《草庐记》。作为敬贤的题材，《三顾茅庐》常常与《渭水访贤》处于对称的位置。徐庶离开刘备后，担心无人辅佐刘备，于是回头"走马荐诸葛"。刘备按照徐庶的指引，三顾茅庐，终于请得诸葛亮出山，拜为军师。不久，曹操攻破荆州，刘备避居夏口，诸葛亮出使东吴，舌战群儒，结成孙刘联盟，共抗曹操。诸葛亮借东风，火烧赤壁，曹操大败。因之前对关羽的恩宠，关羽在华容道放曹操一条生路。曹操败归中原，孙刘联盟解体，周瑜设下美人计，被诸葛亮识破，于是落得个“赔了夫人又折兵”的下场。刘备在诸葛亮的巧妙安排下，带着孙夫人安全回到荆州，后来在诸葛亮的辅佐下，进据西川，在成都称帝。

高山流水 取材于《伯牙碎琴》。这是中国音乐史上一个流传千古的故事，也是“知音”一词的出处。晋国大夫伯牙出使楚国，船行至马鞍山，乐兴大发，又叹无人理解他的琴音，于是抚琴一曲自娱自乐。忽然琴弦崩断，伯牙甚为惊奇，疑有人暗中听琴，于是弃舟登岸寻找，果见一樵夫。一问姓名，说叫钟子期。伯牙邀其登舟，谈论琴律，钟子期侃侃而谈，言说从琴音里听到了高山流水。伯牙喜得知音，二人结为兄弟。第二年伯牙携琴入山访子期，始知钟子期已逝，伯牙感知音难再，碎琴以报。

麒麟送子 取材于《麒麟记》。春秋时期，昌平乡阙里孔叔梁、颜氏夫妇年老无子，祷祭于尼丘。颜氏果然得孕，十月临产，天显异象。有麒麟出现在阙里街头，口吐一方玉帛，上书“水精之子孙，衰周而素王，征在贤明”。婴儿降生，天资不凡，因祷祭于尼丘而生，取名孔丘，字仲尼。仲尼长大后慨然以道统自任，任鲁国委吏，兼管粮、田二事。后见礼乐崩坏，决心制礼作乐，以正王政。他分别问礼于老子，学乐、学琴于苌弘、师襄。后来设教洙泗，有弟子三千，贤人七十二，故孔门桃李芬芳。齐景公遣使往鲁国聘迎，请教为政之道，夫子对答如流。夫子在鲁国历任中都宰、司空、大司寇，摄行相事。因恼恨大夫少正卯奸邪变乱国政，以及叔孙、季孙、孟孙三家大夫私建都城，乃诛少正卯，堕三家都城，使鲁国日趋富强。齐景公担心鲁国强大会危及齐国。晏平仲建议与鲁国修好，下大夫犁弥却提议在边境设宴，趁机谋害鲁定公、夫子。景公依犁弥之计而行。定公识破其诈，在夫子的周密部署下，从容赴会，不仅使齐鲁结盟，还索回齐国侵占之地。景公又采纳佞臣梁丘据计谋，让定公重色轻贤。定公果然中计。夫子失望之余，前往卫国，拒交佞臣王孙贾、弥子瑕，却接受南子邀请，趁机向卫灵公推崇舜禹之典谟和周公之礼乐。灵公不纳。楚昭王欲重用夫子，但被大臣阻挠。夫子周游列国，欲行道以济时，但屡遭挫折。鲁哀公出猎西山，打死了仁兽麒麟。夫子知大道难行于当时，只可传诸后世，就一心删述六经，使之成为儒家万世之经典。

子陵归隐　取材于《严子陵垂钓七里滩》。西汉末年严子陵淡泊功名，隐居富阳，常在富春山畔七里滩垂钓。王莽篡汉后，将汉室宗族赶尽杀绝。刘秀改名金和潜逃，躲藏在严子陵家中，二人意气相投，终日饮酒。后刘秀光复汉室，登基之后，忆及当日严子陵收留之恩，多次征召严子陵入朝。严子陵不慕富贵，更不愿卷入政治争斗，只以故友身份入朝叙旧，拒绝出仕，仍回到七里滩垂钓，过着自己闲淡的隐士生活，表现出“隐居乐道”的思想。严子陵成为中国传统文化中“渔”形象的代表。

临潼会　取材于《十八国临潼斗宝》。春秋时期，周景王即位，天下有秦、魏、韩、赵、楚、燕、齐、鲁、郑、宋、陈、吴、越、蔡、曹、梁、杞、晋十八国诸侯。其中以秦国最为强大。秦穆公据有天险，手下有千员战将，百万雄兵，文有百里奚，武有秦姬辇，有心要吞并十七国。他听从百里奚在临潼设“斗宝会”一计，要求各国诸侯带宝物一件和文武二人赴会，违者十七国起兵征伐。如诸侯赴会，则由秦姬辇领百万大军，把住关口，将十七国诸侯一举歼灭。周景王听信了百里奚的话，遍告天下十七国诸侯赴临潼斗宝。楚平公得到景王命令，识破穆公计谋，太傅伍奢便推荐自己的儿子伍员保护平公去赴会。大盗柳跖闻得举办“斗宝会”，在潼关拦截诸侯，抢夺宝物。伍员打败盗跖，二人结为异姓兄弟。临潼会上，斗宝开始，伍员武胜秦姬辇，文超百里奚，屡屡挫败秦国。穆公恼羞成怒，欲在筵前生擒十七国诸侯，却被伍员一把揪住作为人质，十七国诸侯安全回国。

临潼会雕饰

采桑逼封　取材于《钟离春智勇定齐》。春秋时期，诸侯称雄，齐国齐公子执政，文有晏婴，武有田能，算得上君明臣贤，国泰民安。齐公子尚未立后，一夜得梦，梦见皓月出海，璀璨中天，须臾又被云雾遮蔽。晏婴解梦说是贤人淑女隐于乡村或山林之间。齐公子出城打围射猎，于无盐邑桑园追兔迷途，巧遇钟离春，被斥责损了庄稼，有害民生。晏婴觉得此女貌虽奇丑，但谈吐不俗，应是齐公子梦中贤人淑女。齐公子选定良辰吉日，娶钟离春为正室夫人。秦国派大将虎白长携玉连环去齐国挑战，燕国也派孙儆携蒲琴前往齐国威胁。齐国满朝文武一筹莫展，钟离春命人将蒲琴高挂在丈二竹竿上，弹奏一曲《高山流水》，又将玉连环摔碎。为了惩戒秦、燕，钟离春命人分别在虎白长和孙儆的身上、脸上刺字后将他们赶出齐国。秦、燕、魏三国合兵前来报复。钟离春摆下九宫八卦阵，大获全胜。

举鼎观画　取材于《八义记》，即《赵氏孤儿》。春秋时期，晋国灵公当政，文臣正卿赵盾，七世忠臣，功勋卓著；武将下大夫屠岸贾，奸诈凶残，权压朝右。灵公无道，荒淫无度，劳民伤财。赵盾上朝谏诤，屠岸贾谗言惑君，赵盾痛骂屠岸贾奸邪误国。屠岸贾派手下钮麑去刺杀赵盾。钮麑不愿残害忠良，触槐而死。屠岸贾驯恶犬扑杀赵盾，金瓜武士提弥明将恶犬打死，灵辄背负赵盾逃进深山。屠岸贾见奸谋落空，杀了提弥明，围了驸马府，要将赵家赶尽杀绝。周坚代赵盾之子赵朔赴死，公主被关入冷宫，赵朔、程婴趁乱逃出府门。屠岸贾杀了赵氏满门，听说庄姬公主生下男婴，又要谋害孤儿。程婴乔扮草泽医生，在韩阙掩护下将孤儿救出。屠岸贾张贴榜文，以三日为限捉拿孤儿，否则将把晋国小儿斩尽杀绝。程婴与公孙杵臼定计，以程婴之子假充赵氏孤儿，孤儿后被屠岸贾收为义子。十八年后，景公即位，朝纲重振。程婴把赵、屠两家的冤仇画成图画，将真相告诉了赵氏孤儿。赵氏孤儿兵围屠府，为全家报仇雪恨。

双狮图　取材于《前后金冠》。唐代，薛丁山之子薛刚奉兄命回京与父祝寿，开了酒戒，时至正月元宵，京城大放花灯。薛刚酒醉，私出府门，大闹一场，踢死权臣张泰之子张登云，打掉张泰门牙，将太子金冠打落，捣毁太庙神像。龙颜大怒，下令将薛家满门抄斩，只有薛刚与妻子纪鸾英逃出。张泰又将镇守洋河的薛猛夫妇调返京城，将薛猛夫妇及其怀中小儿薛蛟一同押赴刑场处斩。徐策与薛家同朝，交往甚笃，说服夫人，借法场生祭之机，暗用自己的儿子徐金斗换出薛蛟，带回府去抚养。十三年后，薛蛟长大成人。一日，徐策上朝回府，见门前石狮被搬动，问明是薛蛟所为，于是将薛蛟带入祖先堂，观看薛家蒙难图，将当年冤情缘由向薛蛟一一讲明，并嘱咐他去韩山寻找叔父薛刚纠集人马，前来报仇。薛刚兵发长安，徐策闻讯跑入城中上朝奏本，皇上无奈将张泰交与薛家，张泰被绑至铁丘坟前问斩。

《举鼎观画》和《双狮图》情节高度相似，常被混淆，加上今人演出《赵氏孤儿》不再有举鼎情节，《举鼎观画》常被误认为出自《薛刚反唐》，其实不然。浒崦古戏台雨台后面上下场门的枋片上，雕刻的就是这两个故事。

圯桥进履　取材于《张子房圯桥进履》。张良原是韩国阜城人，因秦灭韩，行刺秦始皇报仇未遂，经太白金星指点逃亡下邳，寄食李仁家中，一住数年。一日天气晴和，张良路过圯桥，遇一白发老者将鞋子落在桥下，忙拾取鞋子，恭恭敬敬地给老者穿上。老者遂收张良为徒，教授三卷天书。后来张良投在刘邦麾下，屡建大功。刘邦与项羽争夺天下，张良要以三寸不烂之舌，说服项羽手下西洛申阳投降，却被申阳捆绑解送项羽，请功受赏。张良早有准备，命灌婴伪装楚兵大将项庄，中途截击，活捉了申阳部将陆贾。张良攻取西洛，得胜而还。楚将钟离昧、季布统领大军向汉军进攻。张良奉韩信将令，为前部先锋，又大获全胜。

东方朔偷桃　取材于《偷桃记》。汉代东方朔，容貌俊秀，才高八斗，生性诙谐，与赵郡吾丘寿王、成都司马相如、济川犁牛等交好。大比之年，四人赴京应试。不料，东方朔榜上无名，辞赋不通的犁牛却为榜首。东方朔径往五凤楼前大叫“卖蹄”，将主考受贿卖题一事禀奏武帝。这时犁牛又通过内臣呈上不死之药，东方朔一把抢过吞下。武帝大怒，要将东方朔立刻斩首。东方朔说，如果他被杀死，就证明这药是假的。武帝顿悟，终于处分了犁牛和主考官，但也没有重用东方朔，只授了个中郎之职。武帝的妹妹年轻守寡，与董偃私通，请求武帝承认董偃为驸马，被东方朔阻止。董偃怀恨，暗中勾结匈奴单于，妄图里应外合，夺取帝位，又奏请武帝拜东方朔为御敌先锋，试图让他死于军中。东方朔毫不推辞，连夜赴任。董偃早已胁迫前方驿丞伺机杀害东方朔。司马相如游学四方，恰好路过驿站井台，救起东方朔。原来东方朔本是天上神仙，偷吃过王母的仙桃，因此长生不死。司马相如得知董偃派人杀害忠良，便去伏阙上书，做了东方朔的参谋，二人一同赴任。犁牛被放回乡里，闻听东方朔已被董偃害死，便要强娶其妻张氏。张氏引刀自尽被救下，削发为尼。东方朔得司马相如之助，连战连捷，生擒单于。董偃阴谋败露，连夜逃出京城。武帝命东方朔缉捕董偃等一干案犯。东方朔路过尼庵，与妻子意外重逢。不几日，一应案犯均拿到。董偃、犁牛被斩首示众，公主被割舌一寸。王母不再追究东方朔偷桃之事，反而设下蟠桃会为东方朔夫妇祝寿。玉帝封东方朔为九天金阙太华真人，为九天金阙延寿元君。

买臣休妻　取材于《朱太守风雪渔樵记》。汉代，会稽郡集贤庄贫士朱买臣，娶妻玉天仙。买臣才学满腹，无奈时运不济，四十九岁功名未遂，以打柴为生。夫妻不时口角，买臣人贫气短，只好忍让。朱买臣有两位结义兄弟，正好一渔一樵，三人常聚会闲谈，慨叹世间贫富悬殊、苦乐不均。回家途中，买臣顶风冒雪，误冲前来访求学士的大司马严助的马头。严助见他身为樵夫而携带书籍，又闻言辞慷慨，谈吐不凡，大喜之下，鼓励他来年进京应举。朱买臣踏雪而归，等待他的却是玉天仙一顿没头没脑的臭骂，并逼迫他写下一纸休书，让她另配高门。次年，朱买臣进京，得严助举荐，除授会稽太守。玉天仙前来求见，买臣怒气冲天，命随从取过一盆水，让她马前泼在地上，马后收回，才能相认。这时，渔夫王安道说明真相，原来以前种种都是岳父为激励成全朱买臣而费的一片苦心。于是翁婿、夫妻相认，一家团圆。

马武夺魁　取材于《反科场》。王莽篡汉建立新朝，开科取士招纳人才。马武、岑彭、吴汉等赴京应试。刘秀改名金和，在科场放箭射杀王莽未果，被抓捕将要被处死，幸得王封施救逃走。马武、岑彭科场相持不下，被吴汉一箭分开。后两人又以举鼎决定胜负。岑彭自知气力稍逊，便施用心计，消耗马武体力。加上相貌英俊，最终岑彭被点为武魁。马武不服，题写反诗，反出科场，往投刘秀，共图光复汉室。

五子登科 取材于《五福记》。宋仁宗年间，书生韩琦中了榜眼，在任职期间勤勉王事，后官拜丞相，夫人被封为一品。但韩琦不以此为喜，原来他虽有一妻四妾，却没有子嗣。其妻为他再娶一妾。新妾柳氏进门，韩琦方知其丈夫遭诬陷丢官，乃卖身纾解家难，于是将其送回，并帮助其夫郭守义官复原职。郭守义深感丞相还妻复官之恩，执意要柳氏去侍候韩丞相，独自启程赴任。韩琦赠三十两银子并文契一起交给柳氏，要她速去追随丈夫。上天被韩琦的举动感动，派遣天上五福星下凡，与韩琦为子，昌大其后。一日，夫人和四妾果然各生一子。皇上得知，御笔亲书“五福堂”一匾，赐给韩琦。西夏屡犯中原，韩琦奏请领兵征讨，镇守陇右。在边关又意外与郭守义全家相聚。后韩琦五个儿子也同登金榜。

安安送米 取材于《跃鲤记》。西汉末年，广汉姜诗一家三代四口，母何氏，妻庞氏，子安安。姜诗夫妇，待母至孝。何氏听信邻居秋娘搬弄是非，愤而成疾，体热如炭，要喝江水。因风急浪高，庞氏打水不成，怏怏而回。何氏认定媳妇忤逆，逼姜诗立刻休妻。庞氏被逐，暂寄居王母家，儿子安安虽然年仅七岁，却是孝顺懂事，每天从自己的口粮中省下三合米，积满一袋，送给母亲。何氏病情不见好转，庞氏纺织麻线换鱼调羹，暗中供奉婆婆。一日，庞氏去芦林捡柴，正好遇上出外延医的姜诗，又被莫名责骂。安安将母亲为祖母送鱼汤反受责骂的事告诉父亲，姜诗才知妻子冤屈，但终不敢逆了母亲。何氏又要喝江水，姜诗去至江边，风大浪高，把水桶冲走。正束手无策，一白发老翁赠他荷叶一张，让他以此盛水回家。何氏见儿子险些葬身江波，深悔自己错怪了儿媳，急叫安安去请娘回家团圆。这时，屋西平地涌出一股清泉，泉中跃起两尾鲤鱼。一家人焚香祷告，拜谢天地。

单刀赴会　取材于《关大王独赴单刀会》。三国时期，鼎足之势形成，孙权多次向刘备讨还之前出借的荆州未果，鲁肃很是为难，于是与守将黄文设下三计。第一计在江下排宴设乐，修书贺刘备击退曹兵，邀请关羽江下赴会为庆，在酒席中以礼索取荆州。第二计则将江上应有战船，尽行收取，不放关羽回去，逼其归还荆州。如果仍旧不还，第三计就是在壁衣内暗藏甲士，酒酣之时，击金钟为号，伏兵尽举，擒住关公，囚于江下，然后乘势袭取荆州。乔公得知，不以为然，劝阻鲁肃。鲁肃将信将疑，拟请江下贤士司马徽为宴请关羽的陪客，遭到拒绝。鲁肃虽然心有疑惧，但势成骑虎，仍然依计而行。关羽毫不犹豫地接受了邀请，由周仓陪侍，单刀赴会。鲁肃亲自迎入，与关羽把盏。酒过三巡，鲁肃终于委婉地提到荆州一事。关羽大怒，揪住鲁肃斥责。壁衣中暗藏的甲士一拥而上，关羽挟持鲁肃，一直来到江边，解缆而去。

桑园会　取材于《鲁大夫秋胡戏妻》。鲁家庄书生秋胡与邻村破落财主罗大户的独女罗梅英成婚三日后，便被征为兵士，一去十年，音信杳无。梅英终日里采桑养蚕，与人缝补浆洗，供养婆母。与罗大户同村的财主李大户，见梅英年轻漂亮，要罗大户劝女儿改嫁。罗大户怕事贪财，点头允诺，来到秋胡家，说明来意，刚刚采桑归来的梅英断然拒绝。秋胡在军中屡立功勋，数度擢升，官拜中大夫，因惦念家中，便请假衣锦还乡。秋胡临近家乡路过桑园，见一女子孤身一人正在采桑，便乘机挑逗调戏，并用黄金引诱。女子将秋胡骂得狗血喷头。秋胡扫兴归家，拜见了母亲。这时，梅英返家，见到秋胡，便扯住他要去见官。婆母慌忙告诉她，是离家十年的秋胡回来了。梅英没想到日想夜盼的夫君竟是轻薄儿郎，悲愤交加，拒绝五花官诰、凤冠霞帔，只要一纸休书。秋胡方知妻子人品高洁，追悔莫及。婆母以死相劝，梅英这才回心转意。

生死之交 取材于《死生交范张鸡黍》。汉代山阳人范式，汝阳人张劭，志趣相投，结为生死之交。因见奸佞盈朝，不愿入仕，乃辞归故里。分手之际，两人不胜依依，约定两年后汝阳相见。张劭表示届时在家杀鸡炊黍相候。两年后范式依约赴汝阳。张劭牢记旧约，以鸡黍款待挚友。两载暌违重逢，范、张二人对菊把盏，互诉衷肠。临别时，张劭提出来年要到范式家中回访。范式告诉他自己已移居荆州。谁知别后未过一年，张劭卧病不起，临终留下遗言等范式来主丧下葬。范式隐居荆州郊外，一日梦见张劭前来，告诉他自己因病而亡，范式醒来不禁放声痛哭。立刻满怀悲伤，赶往汝阳。张劭灵柩似有千斤，许多人拽它不动。范式急忙安排祭祀，宣读祭文，亲自挽起灵车，轻易地拽到坟头。从此，范式、张劭之间的生死交谊、鸡黍深盟被传为佳话。

桃园三结义 取材于《刘关张桃园三结义》。东汉末年，关羽杀了趁乱图谋自立为王的州尹，逃到了涿郡范阳。一日，关羽到屠夫张飞的肉店买肉下酒，张飞有意刁难，将屠刀用千斤巨石压住。关羽搬动巨石，取出屠刀，张飞钦佩不已，过后前往客店相访，二人结拜。嗣后，二人又遇见卖草席的刘备，二人见他相貌堂堂，有富贵之相，又是中山靖王的后裔，且三人意气相投，相谈甚欢，于是一同到郊外桃园，杀牛宰马，祭告天地，结为生死兄弟，同扶汉室。

辕门射戟 取材于《辕门射戟》。袁术派纪灵征讨刘备，同时向吕布送礼。刘备自知不敌，向吕布求援。吕布识破袁术的用心是占据小沛，然后联合北面的部队围攻自己。于是吕布领兵赶往小沛，一面收下袁术的礼物，一面摆下宴席，请纪灵、刘备一起饮酒。席间吕布对纪灵等人声称刘备是他的好兄弟，并且说自己生性不爱看人互相争斗，只爱替人解除纷争。为了表示公平和天意，吕布命门候在营门中竖起一支戟，然后用箭射戟上的小枝，如不中，任他们决一死战，如一发射中，纪灵必须立即停止进攻，离开小沛。吕布弯弓射出一箭，正中戟上小枝。于是双方各自收兵。

三英战吕布　取材于《虎牢关三英战吕布》。东汉末年，董卓专权，天下十八路诸侯奋起勤王，直扑虎牢关前。虎牢关守将乃是董卓义子吕布，有万夫不当之勇，带领帐下八位健将，直杀得十八路诸侯一败涂地。曹操足智多谋，见十八路诸侯被阻在虎牢关外，趁催运粮草经过德州平原县之际，劝在此为县令的刘备赴虎牢关破敌。刘备带了曹操的荐引书信，和关羽、张飞一同去投长沙太守孙坚，谁知孙坚不肯接纳，张飞大骂孙坚势利小人。孙坚命三人跪在辕门外，未得将令，不准起身。这时，吕布营外索战，孙坚不敢迎敌。正巧曹操运粮回营，并保荐刘备、关羽、张飞三人为将。孙坚命他们兄弟三人随自己出营迎战吕布，自己却差点

三英战吕布雕饰

被吕布用戟刺死。孙坚败回大营，对人却说打了胜仗，被张飞揭穿，孙坚喝令武士把张飞推出辕门斩首，曹操连忙劝阻，但孙坚不听。这时，吕布在外指名要张飞出战。虎牢关前，三英战吕布，直杀得吕布拨马逃命，十八路诸侯乘胜掩杀，杀敌无数。

挂印封金　取材于《关云长义勇辞金》。下邳失守，关羽同嫂嫂甘夫人带着侄儿暂投许昌。曹操待他甚厚，欲封为偏将军，但被关羽拒绝。甘夫人心有所疑，关羽告诉嫂嫂：归顺曹操，只是权宜之计，待等有了刘备消息，再前往团聚。曹操深爱关羽心怀节义，又有万夫不当之勇，终日以礼相待，并赐美女黄金，派张辽为说客，力图将关羽收为已用。关羽全不动心，只勉强收了黄金。但他表示一定会立功报答曹操之恩。袁绍兵屯官渡，关羽斩杀颜良、文丑，大胜回营。夏侯惇要曹操除去关羽，但曹操度量宽宏，反赏以黄金百斤、白银千两，封其为关内侯。关羽既已为曹操立功，又确知刘备在袁绍军中，便挂印封金，留下一封书信，表述心迹，带着家小登上了寻找刘备的途程。

千里走单骑　取材于《关云长千里独行》。刘、关、张兄弟三人杀了徐州刺史车胄，夺了徐州。曹操亲自挂帅，直奔徐州，擒拿刘、关、张。徐州衙门将张虎因张飞打他四十大板，怒投曹操。曹操得报，设下四面埋伏，将刘、张打散，又去下邳城，谎说刘、张已死，要招安关云长。关云长心乱如麻，在提出降汉不降曹等三个条件后，暂投曹操。刘备、张飞各自冲出重围，向袁绍借兵。谁料关云长杀了袁绍部将颜良、文丑，刘、张只得逃离，在古城安身。关云长得知刘备消息，带着家小连夜前往古城。曹操与众将商议，带兵十万追赶关云长，却苦留不住。关云长领着甘、糜二位夫人及家小来到古城，张飞斥责他背信弃义。直到关云长斩杀前来追赶的曹将蔡阳，兄弟们才尽释前嫌。刘备称赞关云长仁、义、礼、智、信俱全，是匡扶社稷的忠臣良将。

刘备招亲 取材于《两军师隔江斗智》。赤壁之战，孙刘联合击败了曹操，刘备乘机占了荆襄九郡。东吴元帅周瑜数次索讨荆州，都遭挫败，于是又设下一计，称刘备新折了甘、糜二夫人，假意要把孙权之妹配与刘备为妻，巩固孙刘联盟，暗地准备在成亲之日以送亲为名，赚取荆州，或者让她在洞房内刺杀刘备，然后乘乱夺回荆州。成亲之日，周瑜照计行事，却被一语点破。眼见计策落空，周瑜又气又恼，又设下赚将之计，要趁刘备夫妇回门探母时将其扣住。诸葛亮成竹在胸，爽快地放刘备夫妇过江回门，并送给刘备锦囊一个。刘备依计而行，骗过孙权回到荆州。周瑜见计策又成泡影，又气又愧，金疮迸裂，昏死过去。

三鞭换两锏 取材于《美良川》。隋朝末年，群雄并起。刘武周派大将尉迟恭讨伐李渊，接连攻克雁门关、白璧关。李渊派李世民率众将抵御。李世民采纳程咬金建议夜探白璧关，以摸清尉迟恭的虚实。不想二人行踪暴露，尉迟恭纵马出关，紧追不舍，要活捉李世民。程咬金急中生智，用计先将尉迟恭稳住，自己回营搬取援兵。秦琼接报，飞马驰援。李世民、尉迟恭、秦琼三人先后纵马跃过红泥涧，来到美良川。秦琼与尉迟恭二人展开一场大战，尉迟恭击秦琼三鞭，秦琼转身回击两锏，尉迟恭败退，秦琼救出了李世民。

单鞭夺槊 取材于《尉迟恭单鞭夺槊》。隋末大乱，群雄并起。李世民奉命讨伐山后定阳刘武周。刘武周手下上将尉迟恭，使一条水磨鞭，有万夫不当之勇。双方在美良川交战，唐将秦叔宝与尉迟恭交战百余合，不分胜败。李世民乃设计困住尉迟恭，杀死刘武周。尉迟恭无奈归顺，见李世民虽有厚待，但心忧与李元吉一鞭之仇。李元吉手下将领段志贤设谋捉住尉迟恭，企图将他折磨死。李世民闻讯立刻回营解救。尉迟恭满怀愤慨，有心离去，李世民把酒赠金，为他饯行。尉迟恭深感李世民知遇之恩，欲以死明心迹。李世民见状，知道尉迟恭冤枉。为了揭穿元吉谎言，徐茂公建议两人当场比武。尉迟恭赤手空拳，几次夺过元吉铁槊，真相大白。洛阳王世充派单雄信为前部先锋，统领十万雄兵前来索战。单雄信是一员猛将，使一条狼牙枣木槊。听得李世民领着段志贤观看洛阳城地形，单雄信纵马横槊，追杀李世民。正危急间，尉迟恭赶到，一鞭打得单雄信口吐鲜血。单雄信丢了枣木槊，伏鞍而逃。李世民终于死里逃生。

太白醉写　取材于《彩毫记》。诗仙李白出生时，母亲梦见太白入怀，所以人们都说他是太白金星下凡。他文成云锦，潇洒出尘，深得许相国垂青，许相国将孙女湘娥许配给他。湘娥外出学道，将扬州数十年不曾料理的万贯家产交付李白打理。不想李白途经江陵时受隐士司马承祯点拨，扶危济困，将数十万家财散尽。湘娥得知，反而对李白大加赞赏。时值天宝年间，明皇沉湎酒色，听从杨贵妃之言，聘李白进京匡佐王业。李白应召觐见明皇，被封为翰林供奉。唐明皇与杨贵妃在沉香亭赏牡丹，急宣李白进宫，欲制新声华章助雅兴。李白嗜酒成癖，正大醉，明皇让高力士为他脱靴、贵妃替他捧砚，李白立就《清平调》三章。高力士对脱靴一事耿耿于怀，在杨贵妃面前进谗。李白得知，遂上疏辞官。明皇赐金放还，随时召用。东平郡王安禄山见明皇昏庸，与永王李璘起兵谋反，自立为帝。李白往庐山途中，被带至李璘王府。李璘欲拜为军师，李白誓死不从。义仆展灵旗和义士武谔救出李白。安史之乱平定，李白却被诬助逆反叛，长流夜郎。李白思量彩毫生祸，嘱咐儿子莫再作诗文。郭子仪两次上疏，为李白辩诬，李白得以复官翰林供奉，仍兼左拾遗。

赤壁泛舟　取材于《苏子瞻醉写赤壁赋》。苏轼与王安石曾经一道在国子监读书。苏轼科举及第，官拜端明殿大学士。位居参政之职的王安石因此在自己家中设晚宴为他庆贺。王安石妻子久闻苏轼才华横溢，遂混在乐伎、侍妾中，要见他一面。苏轼料知此情，作诗戏弄，王安石憎恶苏轼无礼，联想起日前苏轼与自己联诗竟然不知道黄州菊花会凋谢，遂将这两件事一并奏知皇上。皇上将苏轼贬到黄州。到黄州后，苏轼与黄鲁直、佛印禅师过从甚密。七月十五日夜，三人夜游赤壁，饮酒唱歌，感叹人生与大自然，醉后彼此相枕而睡，不觉天亮，苏轼遂写下《赤壁赋》。

寒江关　取材于《紫金镖》。唐朝,敌寇犯境,薛仁贵奉命挂帅征剿。途经寒江关，守将樊洪原系投敌唐将，众人商议决定由程咬金前去劝降。樊洪之女樊梨花深明大义，听了程咬金的话后表示愿劝父兄归唐。未几，薛仁贵之子薛丁山请命再次劝降，他争强好胜，临阵遇樊梨花即动刀枪，被樊梨花挑下马来。梨花爱丁山英武，有意放了丁山，并在阵前许亲，约丁山做投唐引荐人。樊梨花回关劝父归唐，因樊洪已将梨花许配白虎关守将杨藩，梨花之兄樊虎怒斥她私订终身，兄妹争斗，结果父兄均被梨花误杀。梨花开关降唐。薛仁贵即令丁山与梨花完婚。洞房之夜，丁山羞于此前败在妻子之手，又误以为梨花是有心杀父，将她休弃。薛仁贵怒斥丁山，让他将梨花请回，丁山敷衍，未进关门即回。丁山陷烈焰阵，被梨花搭救，但丁山不领情，再次休弃。梨花收薛应龙为义子，救丁山，丁山怀疑梨花行为放荡，三次休弃。后丁山兵败，不得已再次求助于梨花，梨花诈死，丁山悔悟。一对有情人终成眷属，共保大唐江山。

穆柯寨　取材于《大破天门阵》。北宋时，宋辽两国战火不断。萧太后请来高人相助，兴兵犯宋，摆下天门阵。杨六郎请已经出家的五郎相助，但五郎需要降龙木方能破阵。杨宗保自告奋勇去至山东穆柯寨求取，却被寨主之女穆桂英擒上山去，二人私订终身。随宗保一同前往的焦赞和孟良回到三关，报知杨六郎。杨六郎亲到穆柯寨，却被穆桂英生擒，抛下马来。杨六郎回府，将回营的宗保绑在辕门，要以临阵招亲罪名问斩，佘太君、八贤王先后讲情不被应允。穆桂英带降龙木下山，献木归宋，答应破天门阵，杨六郎才释放了宗保。穆桂英来到三关，了解到天门阵是按五行八卦所摆，共一百单八阵。最终，在穆桂英周密部署下，杨家将男女老幼齐上阵，一举攻破了天门阵。

战金山　取材于《双烈记》。宋代京口（今镇江）艺人梁红玉，慧眼识英雄，与韩世忠结为夫妇。韩世忠因平定方腊有功得官。宋高宗建炎四年（1130），金兵大举南犯，金兀术带领三十万金兵，一路烧杀抢掠，直奔京口杀过来。守卫京口的正是已经成为名将的韩世忠和他的夫人梁红玉。他们一个勇猛善战，一个足智多谋。这天，梁红玉陪着韩世忠到金山察看地势。韩世忠觉得江面宽阔，敌众我寡，不易把守，要把人马撤到下江，等待援兵。梁红玉则认为可以凭借黄天荡茂密的芦苇设下埋伏。韩世忠认为此计可行，率领战船，在瓜洲口扎好水寨，梁红玉则在金山顶上守着战鼓。金兀术带领五百条战船来犯。梁红玉猛然擂起战鼓。韩世忠立刻挥师迎敌。梁红玉擂起第二通鼓，韩世忠即刻指挥战船变换队形，且战且退，隐进黄天荡。金兀术紧追不舍。梁红玉看金兀术中计，擂响了第三通鼓。宋军士气大振，大败金兵，金兀术差点被擒。金兀术逃走，梁红玉认为是韩世忠骄兵纵敌，上本弹劾。岳飞被害以后，韩世忠悲愤辞官，与梁红玉隐居于西湖。

疯僧扫秦　取材于《地藏王证东窗事犯》。南宋高宗时，岳飞在朱仙镇大破敌军，正待直捣黄龙，却接连收到十二道金牌，宣他即刻回朝。岳飞回京后未及上殿，就被奸相秦桧派人押送大理寺问罪，最终以“莫须有”罪名被杀害于风波亭。秦桧暗通金邦，害了岳飞父子，心神不安，到灵隐寺进香。在寺中，遇上一个呆行者，此人破衣烂衫，蓬头垢面，疯疯癫癫，他对着秦桧说：“缚虎容易纵虎难。”秦桧不承想这句与夫人在东窗下设计陷害岳飞时夫人说的话，被疯和尚点破。呆行者将秦桧来历及夫妻东窗密谋之事全都说出，对着秦桧嬉笑怒骂，警告他湛湛青天不可欺，留下一首藏头诗飘然而去。秦桧派家将何宗立去灵隐寺捉拿呆行者。何宗立被卖卦人引到了阴曹地府，才知道呆行者就是地藏王菩萨的化身。何宗立回到人间已是二十年后，他先向秦桧夫人说秦桧在地狱受刑，又向孝宗汇报了地狱的见闻。孝宗传旨：岳飞封神，以旌其忠贞；秦桧屈害忠良，罪恶滔天，虽已死多年，着破棺戮尸。

师生议政　取材于《鸣凤记》。明代，江西经元郭希颜收邹应龙、林润为门生。邹、林二人才华出众，且志同道合，结为金兰。华盖殿大学士夏言谋划恢复土木堡之变后失去的河套地区，保荐都御史曾铣总制三边。严嵩党羽仇鸾不听节制，陷害曾铣。兵部主事杨继盛草奏弹劾仇鸾，夏言在金殿上大骂严嵩祸国殃民。明世宗听信严嵩心腹谗言，把夏言、曾铣一并斩首。杨继盛被贬为广西宜山驿丞。三年后，仇鸾奸谋败露伏诛，杨继盛又被起用为兵部武选司员外郎。他不顾夫人张氏劝阻，灯前修本，冒死上章弹劾严嵩。世宗大怒，将杨继盛从重定罪。张氏赶到法场，生祭继盛后，留下血写奏章自刎而死。朝廷开考，邹应龙、林润同时考上进士，见到时任翰林学士的郭希颜。三人因仰慕夏言忠义高风，同去寺院拜谒忠灵，路过严府，严嵩的两个贴身书吏拦住索贿，被邹应龙、林润痛打。严嵩、严世蕃决定借刀杀人，除去邹、林。董传策、吴时来、张翀决定联名弹劾严嵩父子，严嵩命令锦衣卫务必害了三人性命，三人却被新任锦衣卫都指挥使朱希孝救下。郭希颜上本弹劾严嵩横行无忌，却被处了极刑。邹应龙与刑部给事孙丕扬联名弹劾严嵩。严嵩父子渐失圣宠，严嵩被放归田里，严世蕃被充军南雄卫。林润巡按江西，访得严世蕃抗君枉法，依然横行乡里，乃写好奏章，派人送往京城。圣旨特下，着抄没严府家产，腰斩严世蕃示众，妻孥没入功臣家为奴，诸孙发配戍边，只留半亩地与严嵩养老。林润取了严世蕃首级血祭郭希颜。朝廷降旨，追封夏言、郭希颜、曾铣、杨继盛等忠臣烈士，张翀、董传策、吴时来官复原职，邹应龙、林润、孙丕扬除奸有功，俱得超擢。朝野终得清平。

第九节　大隧之中　其乐融融——古戏台上的世相百态

乐平古戏台上的雕刻内容除了上述借助花草、神话人物、历史故事、戏曲来表达人们的追求和信仰外，还有一部分内容，不能归于任何历史故事或者戏曲，刻画的正是人们的日常生活状态，直接表达人们的生活乐趣和精神追求。

四艺　乐平车溪敦本堂戏台前的回廊上，雕刻着飘带缠绕的琴棋书画。在中国传统文化中，琴棋书画被誉为文人四艺，是古代文人雅士修身养性的重要方式。

琴棋书画雕饰

琴。琴即古琴，又称为瑶琴、玉琴或七弦琴，是中国最古老、最具代表性的传统乐器之一。据考古和历史文献记载，琴文化的起始可以追溯到公元前三四千年，甚至有传说认为，琴的发明者是伏羲，他在观察到凤凰的形态后，削桐制成了琴。琴在古代不仅是乐器，更是承载着丰富文化内涵的艺术品。在《诗经》等古代文献中，就有许多关于琴的记载，体现了琴在古代社会中的重要地位。春秋战国时期，琴的演奏已经非常普遍，成为文人雅士修身养性、表达情感的重要方式。古琴的造型本身也蕴含着丰富的文化内涵，简约而典雅，弧形的琴面和长方形的琴身，象征着天圆地方。琴弦通常为七根，代表着天、地、人和四时。古琴的音色深沉、悠扬，能够表现出丰富的情感。古琴演奏不仅是一种音乐艺术，更是一种心灵的修养，代表着中国古代文人的精神追求。琴文化是中国传统文化的瑰宝，拥有着悠久的历史和深厚的底蕴。戏曲中与琴相关的故事情节非常常见，如《马鞍山》中的“伯牙碎琴”，《空城计》中的“诸葛亮抚琴”，元杂剧《秦修然竹坞听琴》《卓文君私奔相如》中的“文君听琴”，《西厢记》中有“琴心”，《玉簪记》中有“琴挑”，等等。

棋。中国棋类游戏的种类很多，但通常提到棋，便是指被誉为“棋类之王”的围棋。围棋起源于中国，《博物志》载：“尧作围棋以教丹朱。”也有人说：“舜作，教商均。”《世本》载：“桀臣乌曹作博。”从这些资料可以看出，虽然关于围棋的发明者说法不一，但至少说明数千年前，中国就出现了围棋。围棋不仅有着悠久的历史和深厚的文化内涵，而且看似游戏规则简单却复杂深奥。在围棋的世界里，棋子是意向的载体，棋盘是绘画的空间，黑白世界蕴含着丰富的智慧和策略。它不仅是一项游戏，更是一门艺术和哲学。

对弈也是一种修身养性的方式，能够培养一个人的耐心、专注力和思维能力，提高逻辑推理能力和判断力。黄庭坚的诗句“心似蛛丝游碧落，身如蜩甲化枯枝”，描绘出一种冷僻幽静的氛围。或花影万幢，或夜雨秋澄，或古刹深院，或书斋陋室，或伴随着流水长松落子铿然作响，或疏帘清簟默尔作壁上观，这种韵味，绝对不是市井纨绔之流能够领略到的。古代下棋分九品：入神、坐照、具体、通幽、用智、小巧、斗力、若愚、守拙。入神的级别是最高的。弈秋是传说中的围棋高手，也是围棋题材作品的常客。戏曲中与棋相关的剧目和情节，最著名的便是《棋盘会》中钟无盐与白猿斗棋和《红娘》中的棋盘舞。

书。书指书法。书法是中国传统文化的重要组成部分，是四大国粹之一，它以汉字为载体，通过笔墨纸砚等工具的运用，表现出独特的艺术魅力，因而它也是使用汉字的国家独有的文化。书法起源于商代甲骨文，经过几千年的演变和发展，形成了篆书、隶书、草书、楷书、行书等多种书体。书法讲究的线条美、结构美、章法美呈现出合理、美观、呼应和协调，取得了和谐统一的视觉效果。书法本身也同样是一种文化载体，蕴含着丰富的文化内涵和精神价值，体现了中国古代文人墨客的精神追求和审美情趣，具有修身养性、陶冶情操的功能。戏曲中与书法相关的情节和细节数不胜数，更令人称道的是以京剧四大名旦为代表的一大批艺术家，他们同时也是书法家，能够在舞台上挥毫泼墨。当然，我们后面将要提到的古戏台匾联艺术本身就是通过书法来展示的。

画。画是中国传统绘画的统称。国画或者中国画的说法起源于汉代，但中国画是所有直观的形象艺术中出现较早的种类，原始岩画和彩陶画就是证明，而作为悬挂张贴类的艺术品，则以 2000 多年前战国时期出现的帛画为代表，如最为著名的《人物驭龙图》，就是绘在丝织品上的。

这些早期绘画奠定了后世中国画以线为主要造型手段的基础。中国画的技法有工笔和写意。工笔注重线条的精细刻画，追求形象的真实和细腻；写意则强调笔墨的意趣和气韵，追求意境的表达和情感的传达。这正好是中国书法、舞蹈和戏曲追求的境界。可以说，中国戏曲就是会动的国画。中国画所强调的“外师造化，中得心源”，要求的“意存笔先，画尽意在”，追求的笔墨与意境完美结合，也正是中国戏曲的精髓所在，同样也是木雕精髓所在。与画相关的戏曲故事和剧目，最具代表性的莫过于《牡丹亭》中的“对镜描容”“拾画叫画”和《再生缘》中那幅风波迭起的自画像以及《丹青引》了。

四业　四业指的是“渔樵耕读”，也是乐平古戏台装饰上常见的雕刻图案，有些以戏曲剧目场面出现，也有单独塑造四种形象的形式。与其说这四种职业是古代劳动人民的基本生活方式，倒不如说它们几乎涵盖了农耕社会民众朴素的价值取向、精神信仰、人伦礼仪和风土人情等诸多的文化特点和特质。很多情况下，这四种职业是退隐生活的象征，很多官宦乐于用渔樵耕读来表示自己退隐之后的生活状态，这种选择往往象征着对田园生活的向往和对淡泊自如的人生境界的追求。如柳宗元“独钓寒江雪”和陶渊明笔下的渔翁误入“桃花源”，更有严子陵、朱买臣、舜、苏秦作为这四种形象的代言人。在平常百姓眼里，这四种职业也寄托着美好的愿望：“渔”代表着“家有余庆”，“樵”代表着“财帛丰饶”，“耕”则意味着天道酬勤，“读”则是对学业有成的期望。“渔樵耕读”还维系着出世与入世的哲学思考：对于文人墨客而言，“渔”和“樵”是看破世事的高逸之士的象征，有着出世问玄的深意；而“耕”和“读”则更多地关联入世的实际行动和社会责任，带有现实主义的色彩。这种对比反映了中国古代文人士大夫在理想与现实之间的挣扎和思考。许多小说和戏曲中都出现了这四种形象，《风雪渔樵》《七里滩》《渔家乐》《入桃源》等都是以这四种职业形象来塑造主要人物的，当代最著名的《天仙配》中的“仙女四赞”，赞的正是“渔樵耕读”，玉帝几个女儿下凡配的也是这四种身份的人物，就连当代武侠小说家金庸在代表作《射雕英雄传》《天龙八部》里也塑造了“渔樵耕读”的形象。

四季　春夏秋冬四季在中国传统文化中，不仅仅与农历节气和农业耕作密切相关，更深深影响着人们的日常生活、文学艺术、传统节日等方面。几千年来的积淀，使得每个季节在中国传统文化中都有着丰富的内涵，四季景象也就成为许多地方（包括乐平戏台上）装饰图案的重要内容。

春，象征着生机与新生。在众多与春天相关的文化中，万紫千红、百花争妍是很重要的，但还有一种维系人们情感的事物也很重要，那就是“杨柳”。《诗经》早就有“昔我往矣，杨柳依依”的诗句，柳永“今宵酒醒何处？杨柳岸，晓风残月”这一千古名句更使杨柳成了离别的代名词。“五九六九，沿河看柳”，漫长的冬季，大地封冻，百草休眠。但早春时节，河边的柳树枝头便开始绽绿泛青。阳春三月，枝叶婆娑，柳絮如烟，却正迎合了人们的离情别绪。汤显祖在《紫钗记》中借霍小玉“折柳阳关”相送李益，把这种情绪渲染到了极致。不过，这是文人眼中春天的柳树，在民间，柳树则是顽强生命力的象征，南海观音净瓶中的柳枝，便用来抛洒为人间祛病消灾的甘露。

夏，象征着成长与热情。夏天的故事很多，热闹也很多，比如白娘子、屈原、巫山神女、萧郎……再如端午节竞渡、插艾、焚药……但最具诗情画意的应该还是观荷，“清水出芙蓉”，给人在炎热的夏天带来一阵凉爽的感觉。农历六月二十四，据说是荷花的生日，旧时每到这一天，民间都要举行各种活动来庆祝。观莲习俗在宋代就已经有了，节日这天，达官贵人会泛舟荷花池，船上挂满各种绢制的荷花灯，船身上绘着千姿百态的荷花图，湖面上粼粼的波光与灯光交相辉映，伴随着阵阵鼓乐，极富诗情画意。船上的人一边饮酒赋诗，一边尽情欣赏荷花、睡莲之美。而普通人家，则用纸扎成荷花灯，里面放上蜡烛，点亮后放在水面，任其漂流而去。

秋，象征着收获与成熟。秋天最先让人想到的是中元、中秋、重阳三个节日,人们最容易联想到的戏曲是《汉宫秋》《梧桐雨》《目连救母》《嫦娥奔月》等，而戏曲之外的最具文化意味的画面就是重阳登高和饮酒赏菊了。这也是中国古代建筑上常见的装饰图案，而后者还包含了对酒和菊花的独特理解和审美追求。饮酒赏菊这一传统习俗在重阳节期间尤为盛行，体现了中国古代文人的雅致与风情。菊花因其凌霜不枯、傲寒而开的特性，被赋予了高洁、坚强和长寿的象征意义，故赏菊表达了人们对高洁品格的向往和对生命的珍视。而酒作为一种文化媒介，能够激发人们的情感，助兴抒怀。酒与菊的结合，不仅增添了节日氛围，还表达了人们追求心灵的宁静与超脱的愿望以及对世俗纷扰的超然态度。

冬，象征着宁静与蛰伏。冬天的安静让人们有了更多思考的空暇，冬天的肃杀让人们对未来生发出更多的希望。冬季有许多与年节有关的习俗，但这些场面很少会出现在装饰图案，特别是古戏台的装饰图案中。红梅应该是冬天最亮的一抹颜色了，戏曲中的“梅”也甚多，如《梦梅醉酒》《红梅阁》《二度梅》等，就是《牡丹亭》里也还有一座梅花观。除这些之外，“踏雪寻梅”就是冬季最为隽永的一幅画面了。这历来是文人雅士的雅事，平常百姓只为稻粱谋。“踏雪寻梅”出自宋代孙光宪的《北梦琐言》卷七：“或曰：‘相国（指郑綮）近有新诗否？’对曰：‘诗思在灞桥风雪中驴子上，此处何以得之？’盖言平生苦心也。”这里说的就是孟浩然“踏雪寻梅”。此后，这个典故便算在了孟浩然的头上。而在宋代，还有一个与“梅”相关的“极端”的典故，这就是沈括在《梦溪笔谈·人事二》中写的：“林逋隐居杭州孤山，常畜两鹤，纵之则飞入云霄，盘旋久之，复入笼中。逋常泛小艇游西湖诸寺。有客至逋所居，则一童子出应门，延客坐，为开笼纵鹤。良久，逋必棹小船而归，盖常以鹤飞为验也。”林逋即林和靖，他不仅爱鹤如子，更爱梅若妻，即所谓“梅妻鹤子”。他的一首《山园小梅》写尽了梅的清影和神韵,更把梅品、人品融汇到一起，其中“疏影横斜水清浅，暗香浮动月黄昏”两句，更成为咏梅的千古绝唱。从寻梅到养梅，是从闲情逸致进到隐逸和恬然自适的清高情态。所以，“梅妻鹤子”也成了装饰图案的常见题材。

四季文化不仅反映了中国农业社会的生产节奏，还如同人生的轮回，蕴含着深刻的哲理和丰富的文化内涵。

状元及第 唐刘禹锡诗云：“礼闱新榜动长安，九陌人人走马看。”孟郊写过《登科后》：“昔日龌龊不足夸，今朝放荡思无涯。春风得意马蹄疾，一日看尽长安花。”科举中举，是古代寒门弟子一步登天改变命运的重要途径，许多人穷尽毕生，也只能抱憾终身。越是如此，人们就越是将这个目标当作人生追求的极致。试想一下，一朝金榜题名，好比鱼跃龙门，青云直上，这是光宗耀祖的大喜事。人们的心思，都寄托在所有能够与这方面挂上钩的事物上，而普通民房屋顶正中的状元帽，就是这种愿望的直接表露。状元及第后，帽插宫花、披红挂彩、骑马游街的场面，那种春风得意、马蹄溢香的感觉，真可谓：“银缸斜背解鸣珰，小语低声贺玉郎。从此不知兰麝贵，夜来新染桂枝香。”这是包括雕刻在内的许多艺术形式乐于表现的题材，所以，不难在乐平古戏台上看到。

比武招亲　传统戏曲中，比武招亲是常见的关目。《穆柯寨》《樊梨花》《对花枪》《下南唐》等都有此桥段，数不胜数。这些剧目表现的往往是历史上或者传奇中，一些特立独行的姑娘和一些开明的家庭，采用比武这种方式择选夫君和女婿。在冷兵器时代，一个人的武艺不仅保证着自己和家人的安全，也往往决定着个人和家族的前途和命运。科举时代，既有选拔文才的文章比试，也有选取领军统兵的军事人才的武科比赛，比武招亲就是在这种背景下演绎出来的爱情传奇。

为培养文武人才，也可以说为使普通人出人头地，私塾和武馆便应运而生。授业和习武也成了古戏台雕刻的素材。

私塾，相传夏朝时就已经出现，古时乡间设有学校，优秀学生可以升学，直到“大学”为止。这样的学校有着统一的名称：庠序。春秋以来，“庠序”属于官办，所以史书上没有“师递授受”的说法。真正的私塾是春秋末叶出现的，这个时候，天下纷争，战乱频仍，赋税剧增，官校经费枯窘，私人办学的风气逐渐兴起。最早的私人办学者未必是孔子，但最出名的肯定非他莫属，据说他的学生三千，其中有七十二位贤人。自此以后，私塾大热，自两汉到明清，两千多年来几乎一成不变。直到清末，私塾才走向衰落。私塾所在馆所，有塾师自设的学馆，有财主富贾捐资设立的家塾，如鲁迅的“三味书屋”，也有利用祠堂、庙宇的地租收入或慈善款项办的义塾，如武训办学。每个私塾一般只有一个老师，采用个别教育的方式上课，期限没有定规。

武馆，是让孩子从小习武的场所。战国时期的魏国就实行过“武卒制”，被选作武卒的人员，其家庭可以免除徭役，并分得田产。明代崇祯皇帝曾命令各州府县，都设置武学，让生员学习兵法，熟悉历代战争个案，研究排兵布阵等方法。从唐朝开始，皇帝专门为挑选武官而开举武科，到明朝中期，武科制度化，制定了武乡试、武会试章法。一直传承到清代末年，考试科目设马箭、步箭、弓、刀、枪、剑、棍等武场和默写武经内场，院试、乡试、会试、殿试及童生、生员、举人、进士、状元等名目均和文科相同。民间比武有套路和对抗等形式。套路包括拳术、刀、枪、剑、棍等，对抗有散手、推手、长兵、短兵对打等。光绪二十七年（1901）废除武举，民间尚武的风气虽然有所减弱，但并没有完全消除。

第十节　雅俗共赏　意味深长——古戏台上的楹联艺术

如果说乐平的中上层封建知识分子没有直接施展才华于古戏台，而是用自己的业绩与威名催生了古戏台的繁荣景象的话，那么，下层的乡儒耆宿们则把古戏台当作了卖弄文才、一吐心中块垒的好场所。

乐平的先民大多是宋元时南迁来的北方士族。千百年来，江南的山水未能柔化乐平人身上的那股豪气。喜欢争强好胜、比文斗武，便是他们的秉性。戏台一落成，便成了乡儒们的擂台。这时他们一扫平时的谦谦君子之风，针锋相对，你来我往，都期望自己的墨宝能够挂上戏台从而流芳千古。他们穷毕生所学，熔铸于这方寸之地，其中不乏脍炙人口之作，这些匾额楹联文句佳、书法美，它们被镂刻镏金，挂在戏台两边的立柱上，不仅成为古戏台的点睛之笔，也为古戏台平添几分雅致，增强了戏台的艺术魅力。

匾额楹联与雕刻等装饰艺术样式不同，它直接以汉字为载体，以人们的智慧进行组合并书写，为艺术“加工”，赋予古戏台文化内涵，其效果更好、更直接。

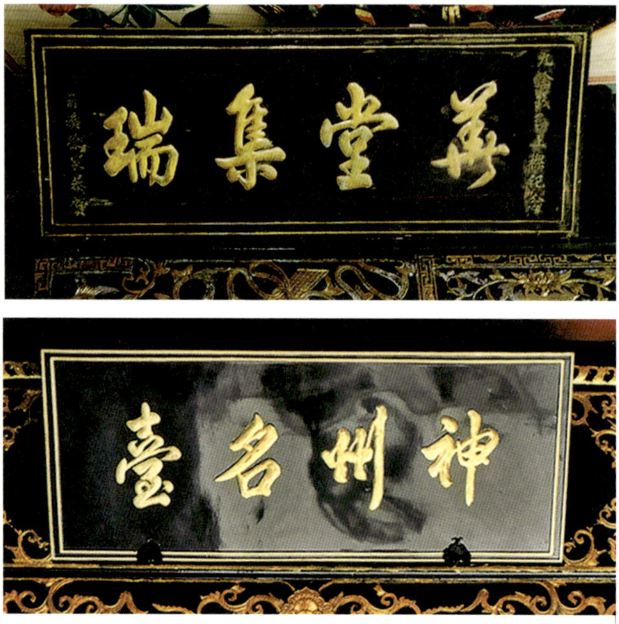

匾额

匾额　匾，原写作扁，汉代许慎在《说文解字》中解释说："扁，署也。从户册。户册者，署门户之文也。"意思是匾一般悬挂在门楣处，其上有标记或者题写着建筑物的名称。人类进入文明时代后，人一出生就有了名字，人类懂得建筑以后，就有了匾额。只是文字还没有诞生时，匾额上是以画的花纹符号为标记，文字诞生后，房屋建筑也就有了名称，而这些名称都寄托着主人的志向怀抱，或者是对自己的警策。一直以来，上至帝王，中到各级官吏、文人雅士，下至平民百姓，都流行题写悬挂各种形式和材质的匾额，几千年来，形成了我国独特的匾额文化。

古戏台匾额是匾额文化的一朵奇葩。最早的时候，匾额的内容一般是以什么楼、什么台直接给戏台命名，也有的是表明戏台或戏曲的功用。清代中期以后，随着戏台建筑越来越豪华、越来越气派，匾额也越来越考究、越来越有文化内涵，匾额意义由原来的展示名称、堂号之类，发展为彰显戏台观古鉴今之功用，昭示戏曲警诫教化之功能。特别是乐平这个地方，人们竞争心理较强，戏台匾额也将这种明里暗里较劲的势头展现得淋漓尽致。这种“争斗”，不仅使戏台被赋予的文化意蕴越来越深刻，生命力越来越鲜活，更使之成为乐平一道独特的民俗景观。

乐平古戏台上的匾额，绝大多数为一块，置于中堂上方，如果是两块，分上下两层，如果是三块，那就是加上正面额梁，四块基本上都是在出将入相口，且大部分直接写着“出将”“入相”，也有的写着其他内容，一般都是两个字。坑口的戏台比较特别，出入口上方各有两块，一共四块匾额，每块上面有对称的十个字，一共四十个字，呈竖向排列，与其说是匾额，不如说是别致的对联。下面是部分乐平古戏台上的匾额文字（括号内文字为村名）：

久看愈好（浒崦）

这块匾额随着戏台成为全国重点文物保护单位而声名远扬，其意不言而喻。

说方便法（观音阁）

寺庙台上的匾额，宗教意味很浓。

楦古堂（神溪华家） 鉴别堂（金山）

这几个堂号，体现了匾额最早的形式。

长河照影（兰桥）

这是描绘戏台所处的环境的。

演绎春秋（庞公桥） 作劝征观（打油袁家） 优孟艺昭（坑口） 激浊扬清（埂上余家）。

这些是说明戏台的功能和作用的。

匾额

尽可以（神溪华家） 可以观（高埂） 百看不厌（徐家） 也算还情（高埂） 足可娱情（坑畔） 悦目赏心（谢家） 浮光掠影（蔡家） 可作鉴观（店上） 莫等闲观（南港） 大观在上（余畈） 天然画卷（官铺前） 真好眼福（洪家） 颠倒众生（庄泉） 传神宝镜（张杭）

这些评论戏台的匾额，有些于诙谐中透着自满甚至是自傲，有些于诗情画意中透露出人生哲理和理想追求。

鼓吹休明（三溪港口） 鼓吹休和（天济） 莫认为真（魁堡） 茹古含今（龙会洲） 入目心通（胡家） 遏水停云（流芳） 是真学问（鲍畈） 当大文章（罗村） 古今月旦（芦家） 应事听声（西山） 此即濠间（董畈）

台是躯体，戏是灵魂，戏和台是不可分割的一体。这组匾额巧妙地评台说戏，引人遐想。

万堂集瑞（镇桥徐家） 乐贵和中（邵家） 中正和平（张家） 乐贯始终（芦家山）

这几处匾额文字内容，祈福的意味很明显。

乐及时行（岩前） 乐贯天人（罗汉墩） 娱尔视听 （徐家畈） 百态人生（舒家） 欢胪荣曝（濮家）

这些文字体现了人们十分向往的人生状态。

同气连枝（坑口） 旷怀希古（坑口） 江夏钟声（坑口） 和声鸣盛（护里） 乐在人和（邱家畈） 出风入雅（汪洪） 旷古烁今（龙溪） 观过知仁（传芳） 察往知来（陈家） 一揽归仁（湖塘） 慎终追远（朱家） 观戒劝作（石背） 长沙遗风（大路边）

传承慎终追远、合族和睦等良好的家族风尚，是所有宗族共同的意愿。这也是古戏台匾额上常常表达的内容。

楹联　如果说匾额是古戏台的眼睛，那么楹联就是古戏台的眉毛。正是这眉毛和眼睛，使得古戏台有了鲜活的生命。戏台楹联的内容既涉及“戏”，也涉及“台”。由于古戏台上台柱众多，有长有短，凡是明面上能让人观看到的立柱上，都会写上长长短短的对联，加上戏台很高，这就使乡间耆儒有了用武之地。除文学才气外，书法、镌刻也是争奇斗艳。这些楹联，有抱柱的，更多的是直接雕刻在柱子上的，正草隶篆、阴刻阳刻，各领风骚，不仅丰富了古戏台的装饰，观者读来，也别有情趣。

古戏台楹联内容涉及面甚广，大致归纳起来，以这几类居多：一是敬神敬祖、歌功颂德的；二是描述歌舞升平景象的；三是吟咏戏台本身和演戏看戏情景的；四是借台状物、以台喻事、以台喻理的；五是嵌名（地名、人名）联；六是集句联；七是人物故事寓意联；八是借戏说事、借题发挥的，或是借古讽今，或是警示世人。这最后一种，数量最多，也最为机巧，文学性艺术性最高。这里选出一部分具有乐平本地特色的戏台楹联作简单的赏析。

纵横千载，
颠倒众生。

（镇桥邵家）

这副四字联，用极简省的笔墨，高度概括出戏曲艺术的特点及迷人的无穷魅力。

镕经铸史，
温故知新。

（后港菱田）

无惭名教，
有裨人心。

（塔前新屋场）

封建时代戏曲剧作不算正经文字，戏曲演员不入流，但这两副民间的对联却高度赞扬了戏曲的价值直追正史，强调了戏曲不可替代的高台教化功能。

天然画卷，
地道文章。

（塔前蓝桥）

愈看愈好，

越戏越真。

（鸬鹚龙亭）

浑然天成的对联，言简意赅，对戏曲的画面和文学性，以及艺术上的博大精深作了精当的概括。

人事难逆料，

不可下评章。

（镇桥坑口）

说戏不着戏字，借戏警示的意味却非常突出。

前途尚渺茫，

出门见端倪。

（镇桥坑口）

这是一副具有三重意义的对联，一层说剧情，刚刚开头，还不知道怎样发展；一层说演员，一出上场门，有没有真功夫就得经受观众的检验；一层说人生，不知道未来如何，但只要一出门，成不成功就看如何努力了。

龙溪世泽长，

越国家声远。

（后港湖塘）

这是对宗族的赞词。

被色空成像，

形声巧弄人。

（后港大田）

这副对联的作者，深得戏曲表演的真谛，上联说要透过色彩看到背后的东西，下联说的是戏曲靠演和唱来巧妙地刻画人物形象。

做出来这样，
看将去如何。

（浯口院前）

非常口语化的对联，看似信手拈来，实则别具匠心，上下联构成流水对，戏演得这样，是好是歹，结局如何，无论给观戏者还是赏联者，都留下了想象回味的余地。

穷人情之变，
极世路之岐。

（洺口流芳）

强调的是人情冷暖、人生坎坷。

借史中故事，
作今日新闻。

（洺口兰坑）

强调戏曲的现实意义。

大戏何如小戏，
东村看到西村。

（洎阳邹家）

这副对联也表现出了撰联者对戏曲的深刻认知，戏曲最精彩的往往不是整出大戏，剧中的某些折子或者小戏才是精髓。因为它们不仅以小见大，还是最能体现戏曲艺术唱念做表的地方。下联既写出了人们对戏曲艺术的痴迷，也含蓄地点出乐平“村村有戏看”的热闹场面。

武陵山明水秀，
叙伦气聚风藏。

（镇桥高埂）

这是描写戏台和祠堂周围环境以及风水的。

前事未必若此，
今人大抵如斯。

（乐港胡家）

以看似不甚肯定的语气，尖锐地指出戏曲批判现实主义的精神。

掩面藏行怕甚，
装腔作势吓谁。

（乐港汪洪）

笔调幽默，看似斥责台上的戏曲演员，实际上是怒斥社会中善于伪装、虚张声势的宵小之流。

天上应无此曲，
世间确有斯人。

（乐港陈家）

这是赞美戏曲演员声腔的优美，肯定戏曲艺术的真实性。

他盼开台亮相，
我观结局修身。

（后港舒家）

从演员和观众的不同角度，描写登台者的急切与观戏者的从容。

即此地方曲调，
疑为天际楼台。

（塔前安邦）

这副对联表达出撰联者对家乡的戏曲声腔和戏台极其热爱与自豪。

当众弄虚作假，
公然惹是生非。

（双田大睦）

这副对联的撰者深谙戏曲表演的“三昧”，借戏曲虚拟的手法，用诙谐的语调嘲讽世间虚伪和横行霸道之徒。

无法无天做去，
有头有尾观来。

（双田汪家坞）

该联构思极为巧妙，将戏曲演员在台上有章法、程式化的表演形容为“无法无天”，暗讽现实中目无王法之辈，下联明说观戏，实际上指作恶者没有好下场。

非一般廿六史，
是几等十三经。

（双田横路）

把戏曲比作“廿六史”“十三经”，足见民间对戏曲的高度肯定。

乡村无双乐事，
人世有限光阴。

（双田上河）

“无双乐事”指开谱、开台和做大戏，“有限光阴”提醒世人珍惜时光。

看去情节依旧，
做来花样翻新。

（洪岩段家）

道出了戏曲别样的魅力，虽是老戏，虽是耳熟能详的故事，但人们乐此不疲，不同的班社不同的演员风格不同，常演常新。

既已改头换面，
何妨鼓舌摇唇。

（临港中堡）

借表演说人事，嘲讽那些见人说人话、见鬼说鬼话的人的丑陋嘴脸。

於无事处作事，
在有人时看人。

（众埠魏家）

非常短小精辟的戏曲表演评论，揭示出戏曲空间的有限和无限、虚与实的相辅相成。

莫道有殊青史，
安知无补苍生。

（众埠张杭）

这副对联没有把戏曲当成历史，且认为与戏与史差别很大，但对于世人的警示作用是一样的。

六角冲霄临碧水，
七星伴月照春台。

（镇桥徐家）

古戏台周边充满诗情画意的环境，被描绘得淋漓尽致。

收拾山河酬壮志，
激扬文字见雄心。

（镇桥金山）

积极奔放豪迈的一副对联，表达出撰联者强烈的家国情怀。

泗水竟教鱼出听，
笙箫可引凤来游。

（镇桥埂上余家）

极富想象力且充满浪漫主义色彩的对联，地名的嵌入天衣无缝。

看戏可知今古事，
登台难辨女男人。

（乐港邵家）

上联平淡无奇，但下联耐人寻味，看起来是说戏曲表演中男扮女、女扮男难以分别，其实是表达了在大义与国难面前，有时巾帼胜须眉，又有时“更无一个是男儿”的感慨。

眼界放开今古近，
脚跟站稳地天宽。

（乐港北角）

说的是看戏，喻的是做人，意境开阔，气势雄浑。

二度梅开青石岭，
一捧雪落黑风山。

（乐港杨家）

由四出剧名组成的对联，不仅工整，而且色彩对比强烈，刚柔并济。

做出来惊世骇俗，
看将去静气平心。

（乐港卢家山）

借戏抒怀，颇有面对风云变幻、惊天动地的社会动荡，冷眼观瞧的超脱境界。

众生皆为平等相，
诸史都作如是观。

（乐港余家）

这副对联难能可贵之处在于借佛教“众生平等”的教义提出了平等思想，阐发出历史有可能重现的观点。

南凭嶂岭同曼舞，
岸依泊水伴笙歌。

（塔山南岸）

木本水源思海口，
鸢飞鱼跃显河头。

（泊阳邹家）

这是两副构思比较精巧的嵌名联，将村名“南岸”和郡望“海口”、地点“河头”嵌入其中，又不失诗意。

风波亭壮心消尽，
龙凤阁春梦惊回。

（后港高桥）

《风波亭》和《龙凤阁》是两出优秀的传统剧目，这副对联的作者大概是人生有过起落，心中的失意溢于言表。

终始戏遵三日约，
是非评待百年期。

（双田岐山）

以戏曲表演的期限反衬人生功过的评定不在一时，而在百年之后。

莫道衣冠尽优孟，
本来儿女是英雄。

（后港官铺前）

对于乐平人来说，这副对联很容易让人想到敢与官府对抗、反抗压迫、反抗外来势力的梨园豪杰夏廷宜。夏廷宜是乐平人，饶河戏（赣剧前身）二花演员。光绪三十年（1904），官府向靛农横征暴敛，夏廷宜义愤填膺，揭竿而起，率众捣毁了官府的统捐厘局、厘金卡、盐卡、缉私卡，火烧天主堂，击沉护卡炮舰。清廷敕令九江道瑞瀓率重兵镇压。经过三年的浴血奋战，起义最后失败。

身后是非凭月旦，
生前功过在人心。

（后港王家）

这是一副使用了典故的对联。月旦：原称“月旦评”，最初指东汉汝南地区品评人物的风气，其产生与当时的辟举制度有关，士人如要获得辟举，必须得到人们的好评。在当时的汝南地区，名士许劭和许靖都喜欢品评人物，每月更换品题，故称为“月旦评”。后来，“月旦评”泛指品评人物，或省称“月旦”。

楚尾吴头台第一，
饶音赣调曲无双。

（塔前花门楼）

这副对联可能是最能表现戏台和赣剧在乐平人心中的分量的。在许多乐平人心中，戏台有着至高无上的神圣地位，赣剧是天下最美的乡音。

每以社时观社戏，
还听村老说村经。

（塔前大埠）

“社戏”“村经”描绘出浓郁的地域风情画。

才子佳人生旦做，
帝王将相挂须为。

（双田耆德）

“挂须”，即须生，也叫正生，赣剧的行当之一，剧中挂黑胡子的角色，一般扮演中年男性角色。白胡子称老生，小生则往往简称生。将赣剧行当嵌入戏台楹联之中，凸显出地方特色。

劝老哥不忙回去，
看小旦就快出来。

（双田德明）

这样的对联，估计台下的观众看了都要忍俊不禁了。

听来洒泪皆何必，
看去无声自有因。

（接渡李家）

“无声自有因”，这又是一个深通戏理的撰者的佳对，大音希声，戏曲表演融入了许多中国古代哲学思考。

斑驳楼台历经风雨，
推移世事淘尽英雄。

（浯口村）

颇有苏辛豪放词意味的对联，满是历史的沧桑感，也是乐平乡间难得一见、别具一格的对联。

傀儡登场长开君眼，
贤奸结局大快人心。

（金鹅山碧村）

“傀儡”二字值得玩味，傀儡，指木偶戏里的木头人，但用在这副对联中，不能不引人遐想。

让北调南腔依然高唱，
任西风东渐切勿移情。

（乐港韩家渡）

这副对联表达的应该是对民族传统文化的坚守和对外来文化抵御的心态。

无大彻悟心何须看戏，
有少成败见才可论人。

（接渡东津畈）

秦欤汉欤只寻智者问，
是耶非耶难对俗人言。

（接渡续湖）

两副对联异曲同工，都表达了撰者超出一般人的见识和知人论世的高度，隐隐中透出一股知音难觅的悲凉。

做尽古今无非家事国事，
看完始末不外女人男人。

（乐港北角）

将极繁杂的事物简化为家国二字，将复杂的人性归真于男女二性，看似通达，其实意味深长。

拔剑挥戈替谁家打天下，
装神弄鬼要尔等看地方。

（塔前大埠）

乐平向来民风剽悍，以前戏场上打架斗殴是常事，这副对联上联说的是剧中情景，下联用语霸气，警告意味很浓，上下联合起来，很容易让观者浮想联翩。

白面书生问心中空空如也，
红颜娘子看足下悠悠大哉。

（临港村）

借戏曲中的人物角色，讽刺现实生活中假充斯文之人和藏不住的丑陋现象。

说什么白日青天黑沉沉埋封赤县，
分明是丹心碧血红闪闪觉醒苍生。

（众埠黎桥）

黎桥是第二次国内革命战争时期红十军根据地，这副对联很显然诞生于这个时期，政治意味相当明显。这座戏台应该是当时宣传红色思想的讲坛。

看世界是政出多元说短论长焉有益，
想人民非愚不可及装模作样总难欺。

（乐港社令桥）

一副现代政治色彩浓厚的对联，写出了普通人对世界风云和国事的思考。上联意味深长，引人深思，下联直截了当，道出民心不可欺，显示出撰者不一般的觉悟与格局。

舞台虽小生旦净丑俱全且看他像哪个，
世界之大善恶忠奸皆有试问你属何人。

（后港大田）

大田是当代赣剧之父石凌鹤的故乡，这副对联虽非石凌鹤创作，但颇具石氏文章锋芒，上下联皆用近似于疑问的反问句，令人警醒。

面目本就非真若据史实推求自然非也非也，
衣冠何妨是假如听村翁议论定当是哉是哉。

（镇桥蔡家）

这也是一副评论戏曲艺术的虚实与教化作用的佳联，用“非真”“是假”告诉人们，欣赏戏曲不必追究符不符合史实，也不必追究戏曲装扮虚假与否，要善于仔细琢磨，仔细品味其内涵。

得意休夸让你上得场来耀武扬威俨然忘乎南北，
失时莫怨看他下将台去垂头丧气简直不是东西。

（镇桥蔡家）

一副借戏说事的廉政对联，富有深厚的人生哲理，“南北”“东西”方位词的双关使用尤为巧妙。

八百春秋祖德宏昌念先人谨遵垂诫多有高风亮节，
三秋世界道心淡薄若后裔能得飞黄耻当污吏贪官。

（塔山天济）

与上一副对联异曲同工，直抒胸臆，点明反贪污腐败的主旨。立意高远，意境开阔，如警钟长鸣。

未上台谁是我既上台我是谁谢观众须知是我原非我，
不认真难做人太认真人难做嘱诸公牢记做人要像人。

（鸬鹚韩家）

绕口令似的句式，不仅有回环往复的音韵效果，让对联妙趣横生，更借演员的口吻，于几分自嘲中说出人生的坎坷与艰辛。

青山对面展欢容鉴古观今数不尽斗转星驰儒林辈出，
绿水满怀生智慧瞻前顾后看现在龙翔凤翥楼阁飞惊。

（镇桥坑口）

这副长联融情于景，描写与议论、远景与近景、虚写与实写、拟人与比喻相结合，内容积极丰富，涉及戏台及其环境、功能、造型、人才等方方面面。

宝像乃朽木雕成无肠肚无心肝於坛上耀武扬威岂是一般角色，
虚名由帮闲造就有委员有书记在任下销声匿迹能称几等公民。

（城隍庙）

这是当代人撰写的庙宇台对联，脱离了一般敬神信佛的主旨，借神像辛辣地嘲讽作威作福不可一世者的外强中干，下联更是直指现实，警示世人不要被虚名所累。

角色是自我装成无实学无真才便来台上耀武扬威俨然忘乎南北，
剧情由谁人编定有贪官有墨吏若落马下垂头丧气简直不算东西。

（鸬鹚龙亭）

这副对联与前面所引镇桥蔡家戏台联有相通之处，但较之前联，此联上下联分别从“自我”和“谁人”角度，强调主观上对自己有错误的认知而膨胀，终将被世人和自己编制的剧情所抨击。

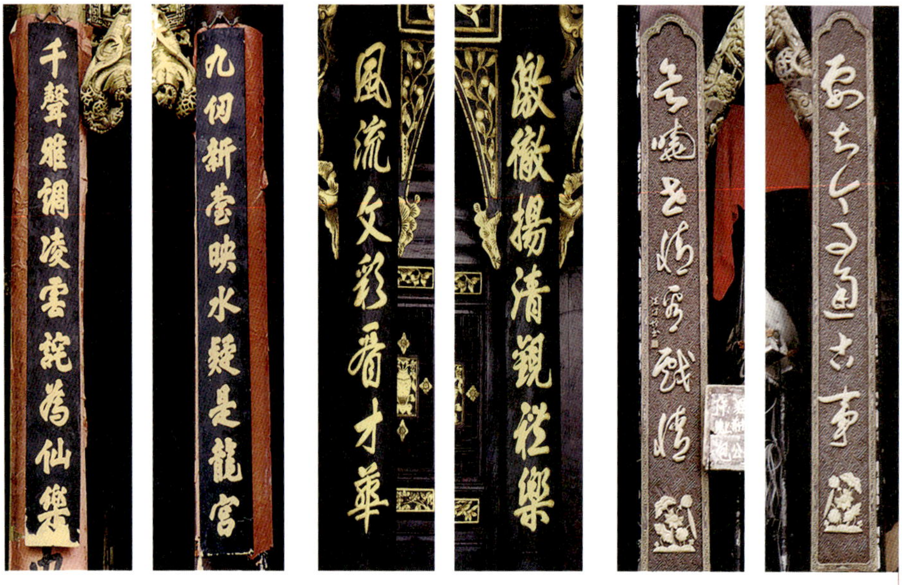

楹联

一座台岿然撑峙桑梓宏恢气概展煌煌今古文明看梁飞瑞凤柱绕祥龙栋走神麟壁啸威虎耕夫牧竖都能任意流连趁暇日良宵招邀至名班妙角于浓妆艳抹欣赏那曼舞轻歌偕来者五洲远客四海高朋八方佳宾三秋胜友

千年事迤逦幻化梨园短暂时空绘历历兴亡画卷听曲奏阳春声凝白雪腔翻下里调合巴人羌笛胡笳皆作纵情吹鼓尽铜琶铁板弹唱出伟业丰功更急管繁弦呜咽此国仇家恨俱往矣一代娇娃九重令主六朝卿相万里侯王

（镇桥庙场）

这是迄今为止乐平古戏台对联中最长的一副，从篇幅上看堪称“航母”，但最长未必是最佳，长达 180 字的联语，尽管联想丰富、颇有气势，但只是就事论事写了人们看戏的盛况，并没有给人更多的遐想空间。

乐平古戏台匾联借助于文学与建筑的结合，集戏曲、建筑、书法、镌刻艺术与宗教、匾联文化于一体，体现出中华文化的博大精深，也从一个特定的角度，折射出我国戏曲艺术独特的风格、悠久的历史，浓缩着中国传统的民族精神。

第十一节　桃之夭夭　灼灼其华——古戏台中的习俗

上梁是建房的重要一环，仪式最隆重，规矩最多，因此留下了许多习俗。现如今砖木结构的房子已经不多见，流行的钢筋水泥房用封顶替代了上梁，因而“梁”便不存在，原有的上梁程序就没法进行。但是在乐平民间，由于古戏台建筑依然保留了传统的砖木结构，所以，上梁仪式得以完整地保留下来，并且尤为隆重。上梁首先要挑选吉日、吉时。吉日一般挑带六、八、九的日子，而时辰一般会选在日出前。

出梁　大梁要刨得干干净净、溜光水滑，梁正中的下方挂上铁梁箍，梁两头各用红绸布绑扎，并各用红线挂一枚铜钱（清代后期这铜钱一般是顺治钱，取“平安和顺”之意），梁身贴上红纸，等待吉时出梁。

祭梁　这是上梁之前的一种祈祷仪式，表达人们对房梁的敬畏之情。梁为一屋之主，那些具有杰出才能、能够担负大任的人常被称为“栋梁”，可见“梁”的地位。祭梁时，木匠师傅抓住事先准备好的一只大公鸡，将鸡嘴捏紧，以免其发出啼叫声，用指甲掐破鸡冠，将渗出的鸡血涂在大梁上，寓意是“福”与“吉”。支撑房梁的两根主柱上，还要贴上对联，联语如“上梁欣逢黄道日，立柱巧遇紫微星”之类。正堂上额张贴横批，多为“上梁大吉”“福星高照”“旭日东升”等吉祥话语。

暖梁　暖梁是在上梁前一天的晚饭后进行。首先在未建成的戏台正中间，也就是正对安放房梁的位置，摆好两条长凳，再把梁架在长凳上，在梁的两端分别系上红绿布条，红布在大边，绿布在小边，大边在东，小边在西，梁正中间系一朵红布做成的大红花。“暖梁”开始，村里德高望重的主事人点燃爆竹，然后斟上三杯酒放在梁上，木匠师傅开始涨彩，彩词多是他们的师傅传授的，也有一些才能出众之人自己顺口编，说的都是些吉祥话，表达对村子的美好祝福。如：

爆竹一放笑嘻嘻，文站东来武站西；
文武百官二面站，子孙后代穿朝衣。
五月十三发大水，柏木漂荡到故乡；
鲁班师傅打马过，闻见路边柏木香。
鲁班师傅下马看，四条金龙九丈长；
头条金龙做宝柱，二条能做紫金梁；
三条四条生得好，能做桁条和基椽。
凿子凿子孙兴旺，斧子斩块块成双；
刨子刨子孙满堂，木斗弯尺赛鸳鸯。
两头一挖鸳鸯榫，梁中又插金鸡花；
鸳鸯榫来金鸡花，东家敬酒我献梁。
一杯酒来敬梁头，子子孙孙封诸侯；
二杯酒来敬梁尾，子子孙孙在朝内；
三杯酒来敬梁中，子子孙孙做国公。

上梁　上梁时辰一到，工匠们合力把大梁徐徐吊起来，同时两个泥工、瓦工分别在屋脊的指定位置接大梁，一切准备就绪后，工匠们就开始涨彩了！木匠涨彩：“伏以！”众人回应：“好啊！”“手提金鸡凤凰叫。”“好啊！”“晚来关门凤凰啼。”“好啊！”“老者看台多福寿。”“好啊！”“少者看台添佳儿。”“好啊！”“读书之人台下过。”“好啊！”“满腹文章好诗词。”“好啊！”“种田之人台下过。”“好啊！”“一籽落地万担归。”“好啊！”“瞎眼之人台下过。”“好啊！”“眼亮能够穿花针。”“好啊！”“驼背之人台下过。”“好啊！”“过了此门把腰伸。”“好啊！”“神人两边站，且听匠人言。”“好啊！”“我今喝彩后，荣华富贵万万年！”每涨完一小节，就敲打一阵小锣。

稳梁　大梁吊上屋脊后，木匠要认真校对位置，让梁和立柱完美契合，确保稳稳当当。

抛麻糍　每涨完一次彩，师傅们就会将麻糍从空中抛下供众人抢拾，现在也有抛水果、糖等吃食的。当工匠们将果品抛下，鞭炮齐鸣，香烟缭绕，热闹的气氛达到顶点。这在当地被称为“打发”。

破台　新台必须破过才能成为真正的戏台。破台的过程大致如下：

先要放三声炮，用来驱除邪祟。这炮最早是用鸟铳放，后来用雷管，现在基本上是电子炮。放过炮后，就把老郎神像请到台中央。老郎神可是梨园界奉祀的“祖师”，地位不可小觑，因为他就是“唐明皇”。赣剧的老郎神比别的剧种更多些，是二十四尊。据说南戏最早由浙江传入江西，是由二十四位老郎仙师带来的。老郎神像不可随便示人，得用幔帐遮住。幔帐两侧各挂刀剑，上悬一把搭箭在弦的弓，箭头对着台下。

下面该鲁班师傅上场了。这鲁班师傅由小花脸装扮。别看这小花脸在赣剧九角头中排最末，但他是戏曲行当中唯一有资格坐在戏箱子上的，这还是因为唐明皇。这鲁班师傅来到老郎神的神位前，点上两卷黄表纸，顿时满台烟雾缭绕、仙气氤氲。鲁班师傅手持黄表纸，熏遍四门，称为“打火”。然后，他抽出木尺，以尺量台。这量台也是有定数的，每次量五下，然后抽出板斧，望空劈两三下，仿佛在再现建造戏台的过程。

接着，鲁班师傅抓起事先准备好的公鸡，用锋利的指甲将鸡冠掐破，殷红的鸡血渗出来。鲁班师傅先把鸡血涂在老郎神像的脸上，然后涂在喜神娃娃的脸上。喜神娃娃就是戏里充当婴儿的道具。接着戏箱上也要涂上鸡血，再就是涂在艺人（大多是跟班的子女们）的眉心。

然后大花脸扮演的杨令官、小生扮演的韦驮出场，两人手持卷着鞭炮的钢鞭，但见那杨令官蹦蹦跳跳，一串开霸的动作，然后与韦驮

鲁班师傅

跳上台中央的椅子上左右分立，韦驮居左，杨令官居右。亮完相，两人又走到戏台事先摆好的两排八字形瓦上，随后唢呐声大作，预示有大人物要出场。果然，出场的这个人与众不同，怀抱杨枝净瓶，莲步轻移，一副大慈大悲之相，出场演员扮演的就是观音菩萨。但见演员走到台中央，坐上莲台，双目微闪，口中念念有词："某某地方做花园，红黑二煞来作乱，速速将二煞驱逐出境。"韦驮赶紧上前领命，下场前去捉拿煞神。有顷，扮演红黑二煞的演员从后台冲上来，韦驮、杨令官在后面追赶。这红黑二煞其实是由老旦和正旦所扮，但是有时观众信以为真，会做出误伤演员的行为。所以，当红黑二煞逃下戏台时，韦驮、杨令官在后面紧紧追赶，名为追赶，实为保护两个演员，以免他们受到误伤。

接下来，鲁班师傅杀鸡，但是不会一刀杀死。这似乎有点残忍，其实是有深意的：先把鸡血洒在黄表纸上，然后把鸡头一扭，卷到翅膀下面，再点燃鞭炮，那鸡一闻鞭炮之声，受惊跳起，跳得越高，台上台下的人就越欢喜——认为这是吉兆。这有个名堂叫作"打检生"。在正本戏《九更天》中，马义在滚钉板之前，也有"打检生"的表演，是为了让观众清楚地看到鸡被钉在钉板上，以证明钉板是货真价实的，扮演马义的演员要赤身裸体地在钉板上翻滚。

最后，所有演员都拜过老郎神，就开始化妆准备演戏了。不过，这化妆还是有规矩的，得小花脸先开笔。化妆师用毛笔蘸上油彩，往其脸上一点，之后众人方能装扮起来。这叫作"开相"。

扫台　扫台仪式是赣剧在新场地表演时的一种重要习俗。破台戏最后一场演完，就该扫台了。东道主会提前准备好礼器、祭品，班社也会为花脸师傅准备好服装、道具等。

戏台的布置是这样的：用红布将桌子四面围起，备雄鸡一只，将腿脚绑好后放在桌子底下。桌上放一只笔筒，筒内放两支笔，一红一白，朱笔正放，白笔倒插。此外，还有两根白蜡烛、三张黄表纸、一只香炉、三根点燃的香。

扫台的仪式不算复杂，但是有一定的要求。表演扫台仪式的花脸一般为剧团的“台柱子”或当家花脸，扫台前，演员必先净身、净手，化妆前后均要洗手，保持干净，然后扮成关公模样，手持青龙偃月刀道具，刀上挂一串鞭炮。鞭炮点燃后，武堂敲起锣鼓，大花脸挥舞着青龙偃月刀从上台角舞至下台角，东南西北都要扫到，念台词：“天皇在，地皇在，玉帝命我扫花台，一扫风调雨顺，二扫国泰民安，三扫六畜兴旺，四扫四季发财，五扫五谷丰登，六扫六合春秋，七扫七子八孙，八扫八方安宁，九扫久长富贵，十扫天下太平。”演员念完台词，鞭炮放完，扫台仪式也就结束了。扫台仪式有另外一种表演方式：演员先“腾云驾雾”出场，然后朝着左中右“拜三方”，“抹鸡血”，“点朱笔”。

扫台的意思即扫除一切妖魔鬼怪和污秽，保障地方安宁。过去人们认为在整个演出过程中，除了人和神，还会有不少鬼怪来看戏，得把他们请走，以保证演出顺利。所以，和破台一样，扫台时观众最好不要到场观看，至少是不要正面观看。

第三章 遗珍览胜

第一节 明珠闪烁——浒崦戏台

号称中国古戏台博物馆的乐平，现存各个年代建造的古戏台近500座，这些戏台为参观者展示了清晰的乐平古戏台发展脉络。乐平古戏台数量繁多、种类齐全、规模宏大、装饰精美，令人叫绝。有这么一句话："你到乐平来，就看古戏台，看台不看浒崦台，看遍百台也白来。"从这句话可以看出浒崦古戏台在乐平古戏台中的地位。浒崦戏台，又叫名分堂戏台，它不同于一般的仿古戏台，实实在在算得上一座古色古香的戏台，因为它的"建筑奇巧复杂，装饰豪华艳丽"，被誉为"乐平古戏台精品中的精品"。

镇桥镇浒崦村，位于206国道边。初来这里的人，一定会对村名"浒崦"二字感到好奇。确实，浒为水，崦为山，这两个字连在一起成为村名，有什么含义呢？原来，浒崦村四周地势低，中间地势高，村边就是乐安河，每到洪水季节，村子就被水包围，于是便有了这个村名。

从乐平市区向南驱车 13 公里，便可直至浒崦村。浒崦戏台，与涌山昭穆堂戏台一样，也属于祠堂台，与祠堂名分堂连成一体，但不同的是，昭穆堂戏台只有内台，而名分堂戏台则是晴雨双面台，又称鸳鸯台。戏台位于村子的东北角，坐北朝南，台前古樟葱绿，荫郁芳香。往台下一站，便使人神清气爽。

整个浒崦堂，占地 450 平方米，祠堂和戏台并不是同时建造的。

祠堂建造时间，距今约 270 年。所谓“名分”，就是旧时家族长老执行家法和排列名分次序之意。戏台的建造时间，据民国二十六年（1937）的《浒崦程氏》宗谱记载，是“皇清嘉庆二十二年（1817）岁在丁丑仲夏月”，比名分堂晚 70 年左右，迄今也有 200 多年历史了。整个戏台由 30 多个工匠耗时 3 年多建成，在当时，对于一个村子来说，可称得上一

浒崦戏台

项浩大工程了。戏台建成后，祠堂又成为村民雨天看戏的地方。

整座古戏台设计科学，布局合理，造型奇妙，做工精巧。它整体结构呈长方形，由戏台、看台和名分堂三大部分组成。戏台为主体工程，又分为前台和后台，前台又名晴台，后台又名雨台。

晴台外观采用中国古典牌楼式样，台面高 1.65 米，宽 10.1 米，深 5.4 米，台口净高 3.35 米，台面距中央藻井 4.55 米，明间表演区 29.16 平方米。前台正梁是一幅气势恢宏的九狮过江图，镂雕而成。九狮以一条细带连接，既形态各异，又连成整体，充分体现了建造者独具匠心。戏台主体三间四柱，三风楼两硬山，明间升起三重楼，斗拱五层，飞檐翘角，屋顶歇山重檐，五岳封火山墙，墙体青砖砌成，白灰浆粉刷，洁净而又美观，底部用砖眠砌，上部则为单丁一斗一眠相间砌筑。墀头砖雕双鹿含灵芝，象征着祥瑞。屋顶正脊中央立一个五彩塔刹式葫芦宝瓶，瓶顶一组方天画戟指向苍穹。正脊两端螭吻向天，垂脊上安放着一对石狮子，翘脊上立一组瑞兽，仿佛随时能够飞起。整个造型厚重之中有轻盈，庄严之中蕴灵动。

翘檐下面悬挂着铁马风铃，风起铃响，叮当有声，清越悦耳。再往细部看，梁枋上遍布着上百幅精雕细刻的戏文人物故事图，有表达祈福愿望的天官赐福，有期盼人才兴旺的魁星点斗，有象征福寿双全的满堂福，还有表现民族和睦的昭君和番，等等。这些镂雕，工艺精致细腻，人物活灵活现、惟妙惟肖。梁枋上五层斗拱，层层出挑，昂面、鹅项上点缀晶片，台内台外通体敷有金

戏文“昭君出塞”雕刻

粉，在阳光或灯光的照射下，金碧辉煌，美轮美奂。

前台台柱上写有镀金的对联，“浒崦拥春台媲联程颢文章久看愈好，鸣山峙面镜欢照古公业绩焕发英姿”，上下联前五个字，将戏台和周边优美的环境，巧妙地与历史名人及其功绩融为一体，显得厚重而又意境深远，村民的自豪与欢欣从字里行间充溢出来，同时还含有对后人的谆谆教诲。“春台”化用了杜牧《阿房宫赋》中“歌台暖响，春光融融”之句，“面镜”则巧妙地使用拟人和比喻的手法，将戏台和鸣山人格化、情态化，生动形象。程颢与弟弟程颐均为北宋著名的理学家、教育家。古公亶父，相传为后稷第十二代孙，周文王的祖父，他带领族人建筑城邑，设立官吏，开荒种地，移风易俗。“久看愈好”指戏台和程氏文章一样经得起推敲和时间的检验。“焕发英姿”既指戏台外观宏伟，也暗指后人将祖先业绩发扬光大。据说这副对联出自魁堡名士徐凤钧之手。但经学者考证，这副对联其实是镇桥黄贡琳先生所作。而另一副深含哲理的对联——“眼界抬高，不怕前头遮住；脚跟站稳，何惧后面挤来”，同样不是出自徐凤钧之手，而是另一个同村人清代秀才徐馨山所撰。

戏台深处正中的匾额上，有四个金光闪闪的大字“久看愈好”，背饰鎏金暗纹十八罗汉图。横额毫不避讳对联的禁忌，重复使用上联出现过的“久看愈好”，提醒人们对戏台、戏曲和文章细细品味，将自豪表现到极致。横匾的衬底是一组十八罗汉浮雕。正是这块雕屏把晴雨台连成一体。雕屏两边配有一副富含哲理的对联，“入耳务须平气听，当场顿觉笑颜开”。戏台的六扇窗都巧妙地镂成精美的戏曲故事图案，栩栩如生。

上下场门为一道对称门，门楣上书“出将”“入相”字样，蕴含着出征为大将，入朝为宰相之意。“出将入相”对浒崦人而言，不仅是写在戏台上，也是历代努力践行的目标，他们崇文尚武，讲礼好乐，涌现过一代又一代俊杰。他们的始祖南唐指挥使程彦光就为保家卫国立下过汗马功劳。到近代，黄埔军校培养出来的程远、程啸平，一个参加过台儿庄血战，一个在绍兴对日作战时为国捐躯，都是抗战英雄。

在与戏台息息相关的梨园，浒崦也曾有过风云人物。民国时期的饶河戏著名花脸艺人程天茂就是浒崦人，他身材高大，刻画人物形象生动，深得观众喜爱。近年来，更有学者研究，“京剧鼻祖”程长庚也与浒崦有着千丝万缕的联系。浒崦一世祖程继寿的五世孙程彰，明代从浒崦迁往安徽石牌，程长庚便是程彰的后裔。明代，正是弋阳腔和乐平腔盛行的时期，那么，程彰有没有可能将这种戏曲声腔带往石牌呢？有趣的是，程长庚所在的徽班演唱的石牌调流传到乐平，至今仍保留在赣剧的弹腔中。

戏台上下场门的前端次间右侧为乐队演奏区域，左侧现在用来操作音响和灯光，后端左右厢房开有两道门，用于扩大表演空间。顶棚有三口藻井，中间一口覆钵式，以十三层斗拱互相叠加盘旋而上，圆穹内镶嵌足蹬祥云、神态各异的八仙圆雕。藻井中心是飞龙戏珠浮雕。两侧的藻井为轿顶式。四周梁枋斜撑、雀替垂花、门楣窗棂等构件，无一不是精雕细镂、描金彩绘。藻井，除了防火功能之外，还具有集音扩音的功能，它的名称及图案，含有水草和布雨的意思，寓意为水能克火、趋吉避凶。

戏台两侧分别有一扇对称正开门，进门沿着边道，便可以进入内院。院中天井以红石铺底。天井两侧是厢楼，也就是看台，供达官显贵、家族长老看戏，可摆设茶果糕点。沿三级台阶往上便进入正堂。正堂前端两侧有耳门，左边是一间陪屋，通常用来充当伙房，右边通向外面巷道。正堂后端左右各有一间寝房，正中设置着神位。正堂上面悬挂着金匾“名分堂”。

藻井

虽然名分堂建造在先，但戏台建成后，它和看台都成了戏台的附属工程，而后台、看台与名分堂又形成一个分而不断的院落，静默而庄重，幽静而深邃。

名分堂正对面，便是雨台。所谓雨台，是供雨天演戏用的。雨台台面高 1.55 米，宽 5.9 米，深 4 米，台口净高 3.1 米。屋顶悬山出山墙，

水戗发戗檐口平直。与晴台最明显的不同之处是用大金柱取代了檐柱。上面刻有一副对联：“古今人何遽不相见，天下事当作如是观。”豁达而又睿智。从两侧看，台口往前略有延伸，檐柱支撑着由额，并衔接廊楼，结构合理，匠心巧现。然较之晴台，雨台的楼额尽管在各层额枋及博缝、斗拱的雕镂工艺上依然精细入微，但是与晴台相比少了气势，多了几分典雅秀美之气。

浒崦古戏台被村民视作至高无上的神圣之物，不允许它被毁损和亵渎。这表面看来是对物质的珍爱，实际上是对信仰的守护，对文化和精神的传承。历史上，村民对戏台曾几度修整。清同治十一年（1872）有过一次大的修缮，1981 年、2002 年先后进行过局部修理，2007 年更是大修过一次。据说，屋脊上的宝顶曾经被盗，人们现在看到的是后来补装上去的。

在人们的精心呵护下，尤其是被列为全国重点文物保护单位后，浒崦古戏台保存非常完好。随着宣传力度加大，除每年接待赣剧、婺剧、黄梅戏等剧种的演出团体之外，国内外的游客和前来考察的专家学者也纷至沓来、络绎不绝。浒崦古戏台成为人们到乐平的必游之地。

浒崦村程氏宗族开谱庆典

庆典

第二节　诗礼传家——涌山戏台

涌山镇，乐平的北部重镇，东邻共库与洪岩，西毗科山、双田，南连临港，北接婺源与景德镇。这里依山傍水，风光秀丽，自古为乐平、婺源、浮梁重要陆路通道，是名副其实的乐平北大门。

涌山是一座不算很高但不失雄奇险峻的山峰，或许是因为它的气势，给人的感觉仿佛是从地面突兀而立，如狂涛巨涌，所以人们给它起了这么一个动感十足、气势磅礴的名字。又因为它形似巨大的鸡冠，当地人又叫它鸡公山。

千万别小看这座海拔只有 309.3 米的山峰，它记录着远古人类生活的足迹和大自然变迁的历史。在它的半山腰，有涌山古人类洞穴遗址。在它的山脚下，便是涌山村。涌山村，村以山名。这里物产丰富，文化积淀深厚，民风淳朴，人才辈出。唐代王氏从婺源武口迁入该地，现在已繁衍成为 800 余户 3500 余人的大村。这里耕读传家、诗书传家，留下了不少人文古迹。涌山村曾四易村名，每一次易名都给人诗意的联想，它或因树名枫林，或因水名锦溪，或因桥名八涧，而现在，便是广为人知的涌山。

涌山脚下，一条玉带似的溪流潺潺流过，这便是锦溪。别看今日的锦溪舟楫不再，过去却是乐安河唯一可以行船通航的支流。

锦溪之上有一座古色古香的桥梁，名叫八涧桥，因锦溪汇入八涧之水而得名。站在桥上，东西老街和锦溪尽收眼底。

这样的地方，没有一座甚至几座戏台，是断断说不过去的。所以，在桥西便看到了一座戏台，它金碧辉煌、飞阁流丹，历史并不长，建造于 1981 年。这当然算不得古戏台。但在这之前，这里存在过一座真正的古老戏台。

翻开涌山《王氏宗谱》，可以看到这样的记载：原戏台约建造于清顺治六年（1649），壮丽精巧，非同一般。台顶以琉璃瓦覆盖，前檐飘出八丫翘角，如仙鹤伫立，檐前挂有铁马风铃，风起铃响，悦耳动听。合抱粗的梁栋，桁架东西，雕刻有八仙像、八卦图、三皇殿、九龙图，两头雕有狮象护住梁托，栩栩如生。台柱均是合抱粗的良木做成，用胶漆涂盖，上面书有名人撰写的对联，台壁上下则绘有飞禽走兽。可惜，这座建于清初的戏台，由于风雨侵蚀、蚁食虫蛀，加上管理不善，门窗不时被人盗取，房体岌岌可危，随时都有倒塌的风险，存在危及戏台周边住户的安全隐患。

清光绪二十六年（1900），涌山渡槽开建，趁着这个机会，工程机关派人将戏台拆除，另建了一座简陋的戏台，作为开会场所。这样一来，八涧桥下底蕴深厚、热闹繁华的广场，顿时失去了光彩。

20 世纪 80 年代初，改革开放的春风一吹起，一向敢为人先的涌山人闻风而动，开始探索富裕之路，涌山很快发展了起来。当时，担任涌山公社党委委员、涌山村党支部书记的王炎培，在任职的第一年，带领全村实现粮食增产 15 余万公斤，创历史新高；第二年，他带领村民开采煤矿，使全村增收几十万元，除了分配给社员之外，村级留存资金 100 多万元。物质生活富裕了，人们开始追求精神上的享受，重建戏台提上了议事日程。

1981 年，为满足村民的文化生活需求，王炎培提议在故址重建戏台。这一提议得到村民一致通过。工作人员多方走访，对古戏台的原貌予以记录绘制之后，一座与原戏台架构一致却比原戏台更精巧的戏台在原址

涌山戏台

典文艺演出！
多喜爱婚庆 承办

重建了。这座戏台的风格看上去与乐平其他古戏台相仿，但是，如果仔细观察就会发现，它的色彩、它的外观还是有所区别，比如红色的胶漆、金黄色的雕饰，比其他戏台更为明丽，而阔大的开间比其他戏台少了几分轻盈，多了几分大气沉稳。

沿着戏台前的街道，再往前走二十来米，就是昭穆堂——涌山更具人文色彩和特色的建筑。前面所述，不过是为它的出场做个铺垫。

站在门口，可以看到院门的牌楼上题写的是“王宗五祠”四个字，也就是说这里是王氏五个房头共同的祭祖之地，当地老百姓也把它解释成由王氏五个兄弟共同出资或者牵头建造。

王宗五祠坐北朝南，三进三开间两明堂，面阔 16.5 米，通进深 29 米，加上陪屋与庭院，占地面积近 1000 平方米。整个建筑由仪门、小院、门楼、戏台前天井、檐廊、正堂、后天井、后堂及边门陪屋等组成。

牌楼的背面雕刻着五头狮子。正房有三个门，中间为圆形门，上面写有金色的“训贤门”三个字，两边花瓶状的仪门上方题写的分别是“尊老”“爱幼”。这七个字蕴含了中华优秀传统文化的精髓，也道出了涌山世代相传的美德。“训贤”，顾名思义，就是培养圣贤的意思。

从正门进去，会看到两边各有一块石碑，上面刻满了密密麻麻的名字。左边是重修王宗五祠的捐资人员名单，这是涌山人热心公益的体现，同时也是涌山人经济实力的展示。右边刻写的则是历年来涌山村升学出仕的人员名单，也就是“贤人”。这体现出当地村民对文化的尊重与敬畏。

王宗五祠

走进大门，头顶便是祠堂戏台，过一会儿才可以看到它的全貌。现在，视线越过戏台前的天井，就可以看到正堂上悬挂的匾额，上面题刻着“昭穆堂”三个大字。这便是王宗五祠的建筑主体。

据宗谱记载，这座祠堂是“明崇祯添赐公”建造。它工艺精巧、气势宏伟，外部山墙不是通常所见的前三后四，而是波浪状起伏，流畅中给人几分气定神闲的感觉，这就是俗称的“懒龙伸腰”。

站在祠堂大厅，可以回过身去看看昭穆堂戏台了。

作为昭穆堂的附属建筑，戏台整体看过去小巧玲珑、风格古朴，年代感非常强烈。整个戏台高 2.8 米，宽 8 米，深 5.8 米，台口净高 2.3 米，

堂
宗親

昭穆堂

昭穆堂戏台

演出区为 17.48 平方米。戏台结构是三间四柱一楼式，歇山重檐顶，飞檐与祠堂的翘角相互呼应，从天井伸向天际，抬头望去，构成一幅美丽的剪影。

这样的场地自然最适合平心静气地欣赏优美的戏曲唱腔和演员曼妙的身姿，激烈的武打场面大概是不会出现的。我们仿佛能听到悠悠的高腔穿过岁月而来，仿佛能看到台上的才子佳人卿卿我我，还能感受到涌山人在忙碌于事业之外，那份气定神闲和享受生活的从容。不过，气定神闲有时候只是一个表象，你只要看过李福东表演的《江边会友》就能体会到。

李福东，原本是来自贵溪的一个孤儿，为了谋生，孤身一人来到乐平，拜饶河戏名角余启清为师。余启清在饶河戏界的地位不亚于“通天教主”，饶河戏老旦魁首龚泰泉就出自余启清的门下。李福东后来做了余启清的乘龙快婿，便定居于离涌山村仅五公里之遥的东岗村。昭穆堂戏台是李福东大显身手的天地。在《江边会友》这出戏中，他相当准确地塑造了解甲归田、愤世嫉俗、蔑视权贵、心系家国的尉迟恭形象。他头戴渔翁帽，腰上打着腰包，展现出叱咤疆场的大将气场。上船、解缆、撑篙、垂钓，一连串动作一气呵成，朴实而又优美，具有浓郁的生活气息。尤其是他演到尉迟恭钓到螃蟹，将其当作奸贼李道宗，咬牙切齿、大加痛斥的时候，更是将人物的性格和思想感情刻画得入木三分。这种爱憎分明、回归桑梓又心忧社稷的爱国情怀，正是民族精神的最好体现。1958 年，八一电影制片厂把这出戏摄制成戏曲资料片，使之成为中国戏曲表演艺术宝库的精品，被后人争相学习传承，为乐平戏曲艺术留下了一份极其珍贵的历史资料。

风雨剥蚀，时光无情，昭穆堂经历着岁月的风霜和洗礼。清光绪三年（1877），以王季贵为首的乡贤，对昭穆堂进行修缮。中华人民共和国成立后，随着时代的发展变化，昭穆堂还曾经作为学校和手工业社发挥过作用。1996 年，有关部门对昭穆堂再一次做了整修。昭穆堂在保留古朴面貌的同时焕然一新，庄严整洁，至今保存完好。作为乐平明代古戏台的遗存，其意义和价值不言而喻。

第三节　别具匠心——横路戏台

横路，地处乐平市双田镇，坐落在距镇政府驻地 8 公里的马鞍山南坡平畈上。村庄风景优美，有着横路八景，为历代文人墨客吟咏。村里有“四爱堂”，“四爱”分别指“梅、兰、莲、菊”，梅傲然，兰清幽，莲清奇，菊高洁。这“四爱”，充分显示了横路梅林叶氏的价值观。

叶氏于唐乾符六年（879）从婺源梅林迁到此地建村，村名初为梅林，明代景泰年间，因为村庄地处中堡、新大睦上方，所以又叫中堡。后来，也许是因为村庄处在乐平至浮梁、婺源的交通要道旁，终日车水马龙，人来人往，于是得到横路这个有些霸气的名字。

翻开横路《梅林叶氏宗谱》，我们会发现，这是一部绵延千年而不绝的历史书，其内容之丰富，资料之完备，在乐平宗谱中极为罕见。这部宗谱不仅记录了叶氏繁衍的历史脉络、横路村优美的景观，更记录了众多的忠臣义士、廉吏孝子、烈士节妇，即便是平民百姓，只要品行端方，能够成为道德楷模，也会大书特书。许多诗词歌赋、逸闻传说，都具有较高的文学价值。由此我们不难理解横路村的历史文化为什么长盛不衰，横路村为什么能够成为中国传统村落、江西省历史文化名村。

走进如今的横路村，可以看到许多风格独特的古巷、古民居，还会看到许多从事古建、雕刻行业的能工巧匠，更会感受到民风的淳朴和村民的热情。

说到横路村的古戏台，有一个十分有趣的现象，村子里曾经同时

有五座戏台，这在乐平这个古戏台之乡都是奇观。这五座戏台中的三座祠堂台已经废弃，现在能看到的是两座万年台。

首先要着重介绍的这座万年台造型独特，是第三次全国文物大普查时发现的新成果。戏台旁新修的碑文记载，这座戏台最早于明万历五年（1577）下半年动工，万历六年（1578）正月竣工。有趣的是，乐平其他戏台是大木匠主墨设计建造，这座戏台却是由一个桶匠设计的。因此它在某些细节方面，与其他戏台有不同的地方。只是它早已被岁月的河流淹没，我们今天已无缘一睹它的芳容了。但如今耸立在众人面前的、始建于清道光年间的这座古戏台，依然保留了原台的风格，虽遐龄迟暮，但风韵犹存。

“万年台”匾额

戏台正间上方，醒目地悬挂着一块匾额，上刻有“万年台”三个字。所谓“万年台”，一是相对于临时搭建的草台而言，二是取其万年久长、遗福子孙之意。乐平许多不依附祠堂的戏台，在民间都称为万年台，但以文字标明万年台的，迄今为止这是乐平境内发现的唯一一座。当然，这块匾额是后来加上去的。

据村里老人说，当年戏台建成，就因其气势雄伟、巍峨壮观引起轰动，方圆百里的能工巧匠都对它赞不绝口。当时全村为庆祝戏台建成，请戏班唱戏一月有余，真是热闹非凡。

戏台坐南朝北，是三间四柱三楼式，重檐歇山顶，飞檐翘角，轻盈灵动，雕刻精美，玲珑剔透，栩栩如生。它与其他戏台不同的地方还在于它的结构独特，除后面屏壁外，其余三面都是敞开的。这样的构造，观众无论从哪个角度看，都可以欣赏到台上演员的精彩演出，也契合了中国戏曲表演无论从哪个角度看，演员的身段造型都呈现出美感的特征。这种造型在乐平戏台中绝无仅有，或许这正是由桶匠主墨设计带来的突破吧。

整座戏台结构匀称，比例合理，造型优美，上至飞檐翘角，中至台额，下至台口，无论是局部赏鉴，还是整体观瞻，无不令人赏心悦目。各种修饰部件如狮撑、吊篮等，刀法精细，犹如木头上的刺绣一般，尤其是飞翔鸟翼般檐下的拱昂，层层叠叠，向八面伸展开来，宛似一朵垂菊，丝丝缕缕，仿佛一阵风吹来，就能飘拂舞动起来。

万年台高 1.2 米，通面阔 11.2 米，通进深 8.5 米，台口净高 3.3 米，表演区 14.52 平方米，两侧筑起风火山墙，台前是一方宽 15 米、长 30 米的看场。整个台上，我们看不到油漆的痕迹，这使它呈现出一种天然朴实之美，显得清新脱俗。但也许正是这个原因，它在抵御岁月风雨的侵袭上少了遮挡，需要人们对它多几分呵护，建成之后的 300 多年间村民曾几度修葺。1957 年，在当时的村主任叶木水的主持下，进行了一次大修缮，由木工大师叶木根主修。

为了保存这处极为珍贵的文化遗产，2008 年 5 月 10 日，崇文重礼的横路人，经村党支部、老龄委讨论，决定在保留万年台原貌的基础上，重新进行一次大的维修。维修分两个阶段进行：第一阶段，全村人自筹资金 4.3 万元，对梁柱、墙体进行了维修；第二阶段，向上级文化主管部门申请维护资金 30 万元，进行雕刻装饰部件的全面维修。重修后的万年台再现了它的独特风采，供世人欣赏。

出于安全方面的考虑，这座万年台不再进行演出活动。

但对于喜欢看戏的乐平人来说，一个村子没有一座像样的戏台是不可想象的事，何况是横路这样的大村子。

于是，为了满足当代演出及公众活动的需要，1982 年，横路村在距原台百米外，又兴建了一座古色古香的万年台。这座新建的戏台，外观迥异于老台，显得非常别致，除了重檐歇山顶、飞檐翘角之外，还体现

横路新戏台

出乐平北乡戏台的共同特点：开间阔大，沉稳大气。更为特别的是，随着时代的发展，现代化音响设备逐渐完善，这座戏台没有如乐平其他戏台一样修建藻井。

新戏台不似老台那样精雕细刻，而是鎏金绯红、色彩艳丽、图案简约。两边开间一眼看过去是醒目的彩绘戏曲人物故事图，左边是《龙凤配》，右边是《三请梨花》。飞檐不像老台那般灵巧秀气，却多了几分从容。飞檐下是米字拱，台额上雕刻着天官庆寿、百官朝贺，两边金凤飞舞、牡丹绽放，一派喜庆祥和的景象。

戏台上的几副对联也颇值得玩味。“人物纵半真半假情节从眼里观来洵可乐也，文章本大开大合块垒自胸中浇去岂不快哉”，上联道出戏曲艺术虚实相生的特点，下联点明做文章的技巧和作者的写作动机。“六礼未成片刻洞房花烛，五经不读瞬时金榜题名”，明说戏台上的虚拟表演，

戏台彩绘

实则暗讽现实中不通礼仪、投机取巧的行为。“事本无稽难免牵牵扯扯，情非有韵何须仄仄平平”，深含人生哲理，启示人们生活中有各种各样的矛盾是正常的，处理事情不必过于死板，要懂得变通。“尽有弦歌留客住，应无宵小败乡声”，写的是以雅待客的热情和拘于小节、爱惜声誉的严谨。“做出来不分今古，看完了各自东西”，信手拈来，俗中见雅，发人深思。“九万里河山收来眼底，三千年岁月注到心头”，将观众的观剧感受与剧中的家国情怀揭示得淋漓尽致。

这些构思精巧的对联，体现了横路人对文化、对传统的敬畏。这种敬畏很虔诚，我们可以通过另外一座新的戏台来见证。

随着改革开放的深入，勤劳勇敢、聪明睿智的横路人，创造了丰富的物质财富，但他们没有忘记祖先的训诫，没有忘记自己的初心，对传统美德和文化的传承与发展，成为他们始终如一的目标。

梅林叶氏一共九房，以前除了总祠之外，每个分支都有自己的一个分堂。随着时间的推移，这些分堂逐渐消失。近年来，随着经济的发展，各分支又开始重建分堂。分堂实际上就是祠堂台。

这座竣工不久的祠堂及戏台，是梅林叶氏第九房兴建的。

祠堂气势恢宏，青砖黛瓦中透着庄严肃穆。大门门楼为两重檐，飞檐翘角，翘角末端是尾巴高扬的鳌鱼，正中为“双茂宗祠”四个金色大字，边框为砖雕装饰，雕刻着亭台楼阁、琴棋书画等等。大门两边为四扇装饰窗，上下两排，对称排列，窗口以圆环与相邻的四个圆环有序相扣，在中间组成花瓣形。每扇窗户上饰有飞檐。进得大门，便是三进间，长方形的天井下面，两边依古制建有长廊式包厢，只是它不再如从前那样仅供达官贵人和女眷观看戏曲演出。包厢护栏为木质罗马柱状，护栏下的枋片上同样雕刻着精美的花纹。从正对面看过去便是祠堂台，相对于从前的台面，如今的祠堂台面积大了许多，可供族人举办庆典和演戏。

三座戏台穿越了数百年，串联起横路村曲折而不断前进的历史，从它们身上，我们看到的不仅是梅林叶氏的枝繁叶茂，更是传统文化的传承与发展。它的建造工艺，不仅有传统工艺深深的烙印，更带有现代文明清晰的印记。

“双茂宗祠”祠堂台

第四节　梨园故事——韩家戏台

乐平戏曲演出有一个习俗，即无论是在饶河戏班社时期，还是赣剧剧团时期，每到一处演出，戏班都会在后台的板壁上做记录，写明演出事由或演出时间，还有用毛笔写就的祖师爷牌位，更多的是写演出剧目，从进把到出把，不管正本还是折子戏，都一一书写在戏台后壁或墙上。不过，由于戏台更新换代，保存下来的记录多是当代的，史料价值相对比较小。但有座戏台是个例外，它的后壁还存留着早期饶河班、金华班、徽班的演出记录。这座戏台就是韩家戏台。

韩家村，位于乐安河畔，属于乐平鸬鹚乡。它曾经有一个很有诗意的名字“墨潭”。宋代中期，韩氏祖先从婺源韩家坞迁徙至此，迄今已有 1100 多年。韩家村是个历史悠久的古老村落，现在已经发展为拥有近 600 户 2400 多人的大村庄。

韩家村物产丰饶，古代水上运输尤其发达，是乐安河边重要的码头，村内商贾众多，经济繁荣。走进村子，可见古宅、戏台、祠堂、巷道、商铺、作坊、古井、古庙、古桥……可以想见昔日的富庶与繁华。

村边的四个门楼，是清代的寨门遗存。一个村子建有抵御外敌的高墙，足见村子当时的强盛和村民的凝聚力。

村子风景优美，乐安河绕村而过。村里流淌的溪水清澈见底，白云倒映，古桥如月，荇草招摇。一棵棵高大的千年古樟，郁郁葱葱，掩映着一个个传奇。

比如村东的那口古井，就是大自然的气象监测站：若井水清澈，则天气晴朗；若井水浑浊，则必定下雨。

再比如老祠堂的两件镇村之宝：一个是用石头凿成的风车，据村里的老百姓说，它扇出来的米比木头风车扇出来的干净很多；另一个是重达 3000 斤的石鼋鼍。在我国民间传说中，鼋鼍能定风浪，护佑一方平安。

村子的西南边，是高岸岭文化遗址。该遗址面积有 6 万多平方米，保留了人工筑成的土墩。此地出土了大量的磨制石器、陶器、陶片等。经考证，这是新石器时代晚期至商代早期的文化遗址，距今 3500—4000 年。

被古老文化包围的韩家戏台，又是以怎样的面貌呈现在众人面前的呢？

韩家戏台

韩家戏台在众多富丽堂皇的乐平古戏台中略显寒酸，甚至已经无法满足今天的演出需要了。它始建于清光绪三年（1877），民国八年（1919）竣工，时间跨度为42年，其耗时之长，在乐平古戏台中较为罕见。这样一座看上去极不起眼、极为普通的戏台，为什么耗时那么长？为什么它能在乐平众多古戏台中有着独特的地位，直至成为省级文物保护单位呢？它的身上，究竟存在怎样的秘密呢？

韩家戏台的朝向不是坐北朝南，而是坐西朝东，它也没有乐平古戏台中常见的飞檐翘角，只是简单的两面坡。据村里的老人说，戏台原本是有飞檐翘角的，至于后来为什么去掉了，无人能够说得清楚。虽然照样是三间四柱，硬山式屋顶，但屋顶上没有宝顶，没有方天画戟，也没有装饰脊兽。两边的风火墙随房体呈平常的两面坡式，而非常见的前三后四或“懒龙伸腰”的波浪形。墙体至戏台敞口，呈八字外翻形状且略向前延伸，台口上方游梁与左右立柱间各有一个精美的狮撑。立柱的正面靠墙也有斜撑支撑着前伸的檐，镂刻着寿星与白鹿。

戏台层梁

“庆乐尧天”匾额

当我们来到台前，近距离观察它的时候，立刻就能感受到它的巨大魅力。只要戏台屹立不倒，岁月的风尘就无法将它的魅力掩盖。

戏台装饰豪华，遍体饰以黄金，镶嵌着玳瑁，流光溢彩。这在乐平古戏台中是绝无仅有的。檐下没有蜘蛛拱或米字拱，最上层是波浪形的挂落，中间层梁上镂刻着五星，也就是金星、木星、水星、火星、土星，也可以称为五斗星君，即东斗、西斗、南斗、北斗和中斗。游梁中间镂刻着百官上朝，两边为凤凰，还有麒麟、狮子，以及各种奇花异草。

戏台通面阔 11.5 米，进深 9 米，台口净高 3.2 米，演出面积 16 平方米。上下场门月梁上分别刻写“鉴古”“赏今”。中间匾额上题刻着“庆乐尧天”四个大字。两边的斜撑上镂刻着文财神，财神脚下是元宝和腾飞的金龙，大字的上方雕刻的是百官贺寿，此外还有“诸葛亮舌战群儒”“三英战吕布”等戏文故事。更有两套罕见的雕刻，分别是一座富丽堂皇的楼阁与两条造型别致的大船，不同的是左边的那条船上有一座宝塔，而右边的船上则有两条鱼跃上船头。

戏台楹联虽已剥蚀，但字迹依稀可辨。“君王将相黄粱梦，儿女夫妻白纸花”，借说戏道尽人间百味。“做到浓时忘是假，看有味处俨然真”，把台上表演者和台下观众的忘情投入描写得淋漓尽致。“古乐何如今乐美，新台却胜旧台观”，道出戏曲和戏台的进步与更新，表现出人们创造和欣赏水平提高，社会和时代不断向前发展，豁达与自豪溢于言表。“褒孝扬忠皆着意，惩贪除恶莫留情”，点明戏曲的高台教化功能。“留心家国平齐法，放眼风云变幻时”，体现的是胸怀家国、放眼天下的儒家思想。“新舞台演出万般新世界，古乐府奏来一片古人情”，则是今人抒发出对未来的向往之情，以及对传统文化的传承。

这座戏台瑰丽绚烂，堪称乐平市晚清到民国初年戏台中的精品。

韩家戏台不仅具有建筑学意义上的文化价值，还见证着戏曲的兴衰与艺人们的喜怒哀乐。

当我们走向后台，就会有惊人的发现：在戏台各部分的背壁上，密密麻麻写满了毛笔字，甚至还有十几幅早期戏曲脸谱。

最引人注目的，是背壁上用毛笔画的灵位。它记录着一个有名有姓的艺人为生活所迫，最终倒在舞台的悲剧，其右侧写着“民国十一年开台大吉　江邑大兴福班到此一戏”。这条记录清晰地告诉世人，韩家戏台的开台戏是在它竣工后的第三个年头才上演的。民国时期的江邑具体指哪里，我们无从找到答案。但从灵位的正文中可以知道，“大兴福班”应该是一个金华徽班，也就是今天所说的婺剧徽班，江邑大概指的是今天的浙江省江山市。当然这只是一种猜测。灵位正文写着“先考亡故做正生讳曹阿满神位，年庚五十岁，定居金华大塘盘山人氏，殁于初十未时三刻”。大意是，大兴福班一个叫曹阿满的正生演员不幸去世，享年五十岁。从演员的籍贯可以推断出这是一个金华徽班。灵位的左边还有一行字，写的是“若有来往贵班到此乞求水饭香纸一碗　清志保友会”。

一个灵位，向我们述说着梨园往事和艺人的情义。

这个叫曹阿满的艺人是不幸的，生活在一个风雨飘摇的时代，但他又是幸运的，他的同行为他留下了姓名与籍贯。要知道，旧时代多少艺人如尘沙一般，默默无闻地湮没在岁月的长河里。

这里还有十四幅脸谱，可惜，不知是什么人留下的，也不知是什么人出于什么原因涂掉的。仅有一幅还能分辨得出来，应该是《伐子都》中的颍考叔形象。

我们再来看几个戏曲班社的演出记录。

这是民国十九年（1930）三月十三日，由王、徐二生领衔的双同庆班进把演出的情况。从戏码来看，这是一家饶河戏班社，而且是三合班。头夜的戏码是正本《天缘配》，前找小戏有《百忍图》《五虎庄》，后找《小进宫》。这几出戏皆已不见于今天的赣剧舞台。其中《百忍图》的主题为包容、谦让，依然有着很强的现实意义。十四日白天的戏码，为正本昆腔《渔家乐》，前找折子戏有弹腔《九锡宫》《破寿州》，后找昆腔《扈家庄》。《渔家乐》为赣剧经典剧目，今只存《相梁刺梁》一折还能演出，

戏曲班社演出记录

《九锡宫》《扈家庄》现在还能经常看到演出。晚上的戏码是正本《回国图》(即《八郎探母》)，前找《二进宫》《女绑子》，后找《花妻》。《花妻》一剧也已失传。十五日为正本高腔《三元坊》，三个找戏剧名已模糊不清，难以辨认。夜场为正本《鸾腰带》，三个找戏中有两个还能看出是《铁沙关》和《破西湖》。十六日为包天，正本《二度梅》《失金钗》，能辨别的找戏是《献佛前》《水漫断桥》。《献佛前》内容不详。夜场为文明戏《七里桥》，前找《骆马湖》《大破樊城》，后找《拾玉镯》。十七日为正本《老君堂》，前找《三司连》《二奉汤》，后找《打棒槌》。夜场为正本《花田错》，前找文明戏《拿康八》《花蝴蝶》《姬故(积谷)思亲》，后找文明戏《倒人心》。十八日为正本高腔《卖水记》，前找文明戏《三□园》《大破蛮兵》，后找文明戏《世不平》。夜场为正本《回林寺》，前找《阴阳界》《错中错》《九件衣》，后找《偷遇鬼》。

此外，在戏台最后面靠墙壁的枋上，还留有“大舞台”和“民国三十七年六月十一日开台大吉　皖南共和舞台　霍记”“全女子吉庆舞台　祥记”字样，前者应为徽班，后者是绍兴女子文戏，应为越剧。

距现在最近的演出记录，应该是1962年乐平赣剧团留下的，从“二队”字样以及《奚皇庄》等剧目来看，乐平赣剧团的演出阵容及实力显赫一时。

这些记录，见证了戏曲的繁盛与沧桑，见证了各剧种在乐平乃至赣东北大地上交流的盛况，见证了韩家戏台往昔的辉煌。这些记录，默默地向我们述说着过去的故事，极为珍贵。

就拿赣剧来说，它受到重视是1950年10月以后的事。在这之前，无论是它的高腔时代，还是三合班性质的饶河班时代，都没有得到过社会的关注，也由于自身发展的限制，几乎没有留下任何文字资料。韩家戏台的这些记录，无疑具有较高的史料价值。

第五节 月牙古韵——车溪戏台

位于涌山镇中南部的车溪村，风景优美，环境清雅。即便是初次到这里的人，也不得不惊叹车溪朱氏祖先独具慧眼。这里山清水秀，视野开阔，土地肥沃，清泉甘洌。整个村子的形状犹如车把，向外伸展，抬眼望去，七座山峰环绕村庄，真可谓“七峰拱秀”。东南面，清澈的车溪河水缓缓流过，村子因而得名车溪。

“人家两岸柳阴边，出得门来便入船。”这是宋代诗人杨万里乘船经过德清时留下的诗句，其实当初的车溪也是这般光景。直到 20 世纪五六十年代，车溪村前的码头依然是舟来车往，一片繁荣景象。如今，唯有码头边上斑驳的青石板、依依的柳树、清清的河水，向我们诉说着往日的辉煌。

当然，还有金坊桥，它五孔相连，静静地横卧在车溪河上。两排廊椅纵贯全桥，25 间亭宇间隔排列，一色青灰瓦覆盖，120 根廊柱，并立一根八棱如来柱，古韵悠长。桥南头有一座茶亭，相距不远就是甘露庵，虽然庵堂不再有尼姑，但依旧香火旺盛。桥洞的石壁上，一行斑驳的文字告诉我们，这座桥始建于清乾隆五十八年（1793），为五孔石拱桥。它与我们要说的敦本堂，属于同一时期的建筑。

过金坊桥，进入村中，古民居、古巷道不知不觉把人带入过去的时光。青石板上，深深的车辙中，我们仿佛能够听到时光深处传来的辘辘车声。而一座今天看来依然气派非凡的建筑，是那样引人瞩目，它就是敦本堂。

敦本堂，位于村中开阔平坦之地，坐北朝南，门前一口半月形的池塘，几片菱叶荷叶浮在水面，不时漾起微波。这池塘，当地的老百姓称为月牙塘，而实际上它还有一个更文雅别致、诗情画意的名字——“聚星池”。聚星，其蕴含的深意不言而喻。

敦本堂建于明正统四年（1439），也就是车溪村建村后第14年。明洪熙元年（1425），车溪朱氏先祖厥二公定居于此，开宗衍派。据《朱氏安庆宗谱》记载：“我祖神童公敬承宗绪，派衍后昆长二、三房仍居库前（车溪邻村），深恐居祠密莫展宏规，惟爱堂前地广，来脉龙长，土肥而泉甘，洪熙年间，率令五、六、七房聿来迁焉。越十四年正统丙辰创造祠宇堂。耕稳，若以耕读为治家之本。”又载：“自神童公雄迁之后，越十四年创耕稳堂，迨国朝生齿浩繁，渐嫌狭隘，迄乾隆丙寅汝典公等，乃会集族人议度，阴阳相形势而灰廊之，即今之重创处也，维时

敦本堂

捐金助力，靡不踊跃乐从。历五年，庚午遂落成，亦可谓侖矣奂矣。嘉庆庚午，延锡公等创后寝，造客墅而后美。”从《朱氏安庆宗谱》可知，该建筑始建于明正统年间，清乾隆年间改建，其后寝右侧三间客馆均为清嘉庆年间所建。

为教化子孙，凝聚族人，彰显宗族力量，车溪朱氏祠堂顺势而建，并以一世祖厥二公的号耕稳而命名，是为耕稳堂。“耕稳”的意思是教育子孙以农耕为本，农耕为稳，耕读治家，诗书传礼。

那耕稳堂是何时更名为敦本堂的呢？或许我们一会儿就能找到答案。这是一座宫殿式梁柱结构的古祠堂，由牌楼、戏台、座栈、客馆、正堂、后寝、耳房构成，浑然一体，进深 65 米，宽 30 米，占地面积 1950 平方米。外部墙壁斑驳，布满青苔，犹如一幅巨大的山水画，虽然陈旧，但在这僻静的乡村，依然显得古朴庄重、高大肃穆。

祠堂正面是八字牌楼门，墙顶和墙肩都用青瓦覆盖。三叠檐，檐角微翘，门内两米便是楼阁式古戏台的背面，牌楼正如盖头一般，将戏台的面目遮住。戏台的背面为重檐双艎角歇山顶，与门楼的翘角造型和谐统一，相得益彰。檐下采用多挑斗拱装饰，中间横枋上雕刻着巨幅“四狮戏球”图案，惟妙惟肖，充满着勃勃生机。两侧砖砌翼墙，墙面用青砖砌成曲折纹样，线条图案秀美精细。上面的石质浮雕雕刻精微，古朴雅致，形象生动。

祠堂的大门如今已经封闭，现在要进入敦本堂，只有从侧门进去了。

进得门来，就可以看到，敦本堂为四进一堂一台两边廊的组合院落。这是一座典型的饶徽建筑。建筑结构上有抬梁式、穿斗式，建筑组合有翘角、飞檐、重檐，内外构件有木雕、砖雕、石刻，以增强建筑艺术的表现力和结构的美感。

敦本堂的中堂上方，悬挂着翼式描金“敦本堂”匾额，字体遒劲，古朴雄浑，庄严肃穆，摄人心魄。左右各有一列小字，右边是“皇清顺治七年仲冬月”，左边为“岁官戊辰中浣榖旦”。这大概就是“耕稔堂”更名为“敦本堂”的肇始了。《朱氏安庆宗谱》记载：“颜曰：‘敦本殆去君子务本之道生’，故敦伦理以宗本于后人，先体命名之意，本忠孝以传家纷华，弗重习诗书，为经世势利奚庸，不亦如水之有源，木之有根，而无辜于先人敦本之意乎？”由此可见，先人之意是希望本族后人敦厚诚实，以忠孝明理为本，使本族兴旺发达。从“耕稔”到“敦本”，标志着车溪人从外务到内修，有了更高的追求。

但是，这里又有一个疑问：族谱记载敦本堂于乾隆年间改建，那匾额所题“顺治”又是何意？这个问题有待于进一步探究。

“敦本堂”匾额

车溪敦本堂戏台

敦本堂主体建筑进深 25 米，宽 20 米，四柱三间式，高大宽敞，单檐，檐下装饰着莲花形斗拱，梁柱粗实高大，青石质柱墩，有的为莲花形，有的为鼓状。满堂的梁、柁上均饰云雷、花卉纹浮雕，有的整柁形状似龙似蝠，庄严而又祥庆。正堂背接后寝，中间隔着一方天井。天井的两边便是边廊。正堂的对面便是戏台。戏台前为天井式露天场，地面用鹅卵石铺设，平整宽敞，面积约 500 平方米。现在，由于人迹罕至，露天场长满了齐膝深的草，成为一块青绿的草地。越过天井，沿着三级台阶而上，两侧各设一间客馆，并与祠堂相接。独柱单檐，独翼角飞翘，左右对称，枋柁上分别以“八仙过海”“水漫金山寺”等浮雕为装饰。浮雕雕刻出波涛汹涌的水面，场面惊险激烈，人物神态栩栩如生。

敦本堂右侧附建三幢四柱三间式耳房，也称客馆，为一般来客就寝、用膳的地方，而敦本堂内的两间客馆，则用来接待贵客，供其就寝、用膳。

戏台两侧设有座栈，栈内可容纳五六百人看戏。这是乐平祠堂台的建筑传统。

据《朱氏安庆宗谱》记载，戏台始建于清乾隆年间。戏台与敦本堂通过两侧廊道连为一体，与前门牌楼相背之处，是为祠堂台。台顶与背面一样，为重檐双飚角歇山顶且附两硬山，红褐色圆筒瓦古朴典雅，顶脊中央直立一组五彩朱砂瓷宝顶，雍容华贵，在阳光的照射下多姿多彩。

台面三间四柱三楼式，台内三重上下场门。台顶檐翼飞翘，轻盈飘逸，檐下蜘蛛拱交错重叠，玲珑精美。台面横梁上雕刻“双凤戏牡丹”图案，线条细致入微，凤凰姿态优雅、舒展优美、气势昂扬，富有浓郁的民俗气息。两侧石柱为八方面青石柱，柱面平整光滑。歇山台顶，顶脊高耸，气势非凡。

据当地的老百姓说，这座戏台原貌更为壮观，因年深日久，风雨剥蚀，蛀虫侵蚀，台内多处浮雕附件被拆除，虽然经过多次修缮，但修葺后的戏台魅力大减。

走上台去还会发现，这座戏台与别处戏台最大的不同之处，就是没有藻井。藻井是宫殿寺庙等高层建筑的特有装饰，蕴含天圆地方之意，也有避火驱邪的意思，同时从科学的角度来说，它还具有声学上的意义，把它安装在戏台上，便于将演员的声音凝聚起来，使传递给观众的声音浑厚饱满，更具有穿透力。但它禁止在民间使用。车溪敦本堂戏台没有使用它，倒真是切合了“敦本”之意，恪守本分，不越

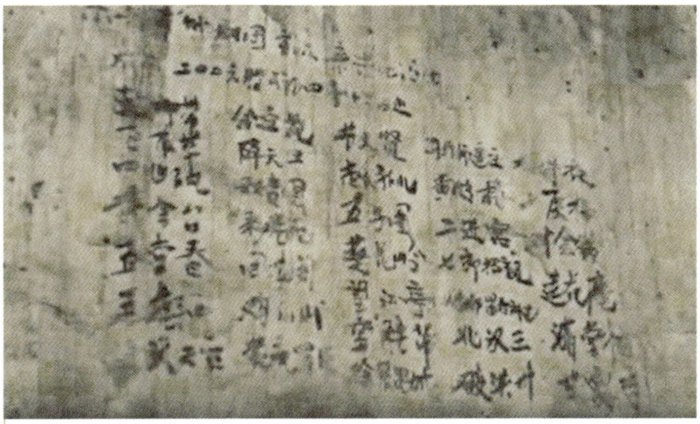

1996年乐平市赣剧团演出记录

礼规。至于多数乐平古戏台肆无忌惮地使用藻井，而未被追责，究竟有什么奥秘，还有待于进一步研究。

这座戏台上也留下了发人深省的楹联。一副是“百变文章经史外，千秋事业戏台中”，上联告诉人们不可读死书，为文不可刻板，下联突出戏曲的教化功能，哲理深刻。另一副是“休夸汉赋唐诗早扬格调，且喜宋词元曲更谱新声”，极力赞美中华优秀传统文化光辉灿烂、绵延不绝，且不断向前发展。

戏台的后壁上保留着1996年乐平市赣剧团演出记录，这或许是在这座戏台上进行的最后一次大型演出活动了。

如今的敦本堂或许不能适应今天的大型戏曲演出活动，但它以持久的魅力和深厚的积淀，吸引越来越多的人亲近它。

敦本堂作为宗族权力的象征和封建宗法制度的执行地，有过它的历史局限，但它规范着人们的言行和道德，培养过一批又一批优秀人才。新中国成立后，敦本堂曾设立过车溪中小学。现如今活跃在各个领域的优秀的车溪人，很多都是从这里走出去的。他们敦本守心，牢记祖训，为社会奉献着自己的光和热。

作为一座年代久远、建筑形体庞大、结构复杂、功能齐全的古代建筑，车溪敦本堂文物价值不言而喻。因此，2014 年，江西省文物局从基层文物保护专项经费中下拨维修补助资金 120 万元，使年久失修、损坏严重的车溪敦本堂重获新生。2018 年 3 月，江西省人民政府公布车溪敦本堂为省级文物保护单位。

岁月终将老去，精神永远留存。愿敦本堂屹立得长久，再长久些。

车溪敦本堂戏台演出场景

第六节 红色坐标——界首戏台

众埠镇界首村，处在乐平弋阳交界处，因而得名。又因乐平与浮梁交界处的塔前镇也有一个界首村，故而众埠的界首村又叫南界首。但是由于历史和文化的影响，南界首被越来越多的人所熟知，所以，一说到界首，人们便知道指的是这里。

出乐平市区往弋阳方向30公里，便到了众埠镇界首村。界首就处于公路西侧的平畈上。这个800多户4000多人的村子，是南宋名相马廷鸾同宗后裔聚居地，也是乐平最大的马氏聚居地。据《扶风马氏宗谱》记载，元代时，马氏由本地冷水亭迁来此地建村。如今界首物阜民丰，而冷水亭早已不见踪影。

界首是个文化积淀非常丰厚的地方，由于史学大家马端临的影响，这里文风颇盛，更由于地理位置上优越，这里与戏曲文化、红色文化结下了不解之缘。

村口，便是一座戏台造型的门楼，四柱三间五楼，灰色琉璃瓦盖顶，赭红色喷砂，方天画戟祥禽瑞兽压脊，正中枋片上大书“中国工农红军第十军建军旧址”，两个柱子前，两个威风凛凛的石狮子蹲守于此。

穿过这道门楼，沿村前大道行走百余米，经过红十军纪念广场，往右一转，便可见到一面粉墙，墙上“四留”名言赫赫醒目：留有余，不尽之巧以还造化；留有余，不尽之禄以还朝廷；留有余，不尽之财以还百姓；留有余，不尽之福以还子孙。《四留铭》出自与马廷鸾同一时代的王伯大即留耕道人之手，这一点可见于《湖海新闻夷坚续志》。但马氏宁愿将“四留”视为家训，世代相传。这面墙，便是界首古戏台的东墙，稍移几步，就可以看到整个戏台的正面。这便是红十军建军旧址。

但这座戏台不是当年方志敏登过的戏台。原戏台是建于清道光年间的万年台，坐东朝西，与祠堂相对。1930 年 7 月，中国工农红军第十军建军典礼在戏台上隆重举行，方志敏同志登上戏台，庄严宣布中国工农红军第十军成立。

出于对共产党领导的革命的仇恨，1948 年，国民党反动派对这座铭刻着中国革命印记的古戏台进行疯狂焚烧。戏台毁了，但界首人民对红十军的感情，对革命历史的记忆是毁不掉的。1983 年，界首人民在原址依原构架复建了一座戏台，戏台朝向由坐东朝西变为坐南面北。这就是我们今天看到的戏台。

界首戏台

戏台宝顶

戏台气势恢宏，五间六柱五楼硬山式，两边开间封闭，墙面上彩绘着戏曲人物，颇有瓷板画风格，中间三间敞口，台面较高，表演区开间较大。这是乐平戏台中最为复杂的结构。

台面上的装饰也与众不同，虽然也是雕刻鎏金，但没有其他戏台上常见的戏文神话故事。游梁上是二龙戏珠，其他部位则大多是云纹、寿字纹、如意及牡丹，线条流畅，画面简洁明快。飞檐轻巧秀丽，曲线优美，第二层脊端为对称的跃龙，三四层是金色的鲤鱼，尾巴高翘，仿佛随时跃上蓝天，最上层屋脊为彩色葫芦状宝瓶压顶，在阳光下流光溢彩，宝气盈盈。宝瓶上三支方天画戟，中间一支为双刃，左右两支为单刃。青瓦铺顶，古朴厚重。

戏台上的几副对联，分别是“每应触景伤时事，总可原情论古人”，告诉人们要站在今天的角度体察古人的情怀，用古人的训诫看待今天的得失；“你看我，看我非我；他装谁，装谁像谁”，这是化用京剧大师梅兰芳的名联，道出演剧刻画人物的最高境界；“悦目间美轮美奂，赏心处宜雅宜风”，写的是观剧时闲适恬淡的心境；“舞台方寸高悬明镜，优孟衣冠启示后人”“随尔演来无非扬善除浊，自吾听去都是教愚化贤”，点明戏曲演出的高台教化作用。

戏台周围充满着红色元素。越过广场，戏台正对面是一个铁匠铺，据说是当年红十军打造兵器的地方。戏台的东侧便是马氏祠堂。祠堂当属旧址的主体，总占地面积 490 平方米，清乾隆年间建造，现在已经成为红十军纪念馆和红十军廉政教育基地。

进门之后，前厅为红十军纪念馆，首先映入眼帘的是一组红十军浮雕。浮雕置于天井中，十分醒目，四壁及天井回廊上，有大量红十军的珍贵图片资料，我们从这里可以看到当年红十军创建的经过和他们浴血奋战、可歌可泣的艰苦历程，感受到强烈的革命英雄主义精神。

沿天井两边回廊进到后间，有屏栏与前厅隔开，现已开辟为红十军廉政教育基地，展示了大量红十军廉政事迹与实物图片。右边有木阶梯上到阁楼。阁楼上靠北墙的是一排简陋的床铺，为当年红十军休息的地方，墙上陈列着草鞋、蓑衣、斗笠等，柱子上挂着马灯。阁楼两边各有厢房，为当年方志敏及红十军指挥员办公的地方。

眼前的实物和图片，令人在脑海中再现当年红十军创建的光辉历程。

1927 年，国民党背叛革命，相继发动了四一二反革命政变和马日事变，轰轰烈烈的大革命失败了。方志敏、邵式平、黄道等人响应党的号召，分别从吉安、景德镇、南昌等地潜回家乡弋阳、横峰一带，秘密发动和领导了纵横百余里的弋横暴动。暴动失败，方志敏等人及时从参加弋横暴动的各农民革命团中，挑选了二十几名骨干，组成了赣东北第一支正规革命武装——工农革命军第二军第二师第十四团一营一连。1928 年 7 月，方志敏等根据形势的发展，将赣东北工农革命军改编为工农红军第

二军第二师第十四团。1929 年 4 月，工农红军第二军第二师第十四团奉命改番号为江西红军独立第一团。1930 年 1 月 1 日，部队在弋阳余家仓扩编为 6 个连和 1 个机枪队，有长短枪近 400 支，旋即打退了国民党第五次“进剿”，进一步巩固了弋横苏区。

1930 年，国民党爆发了中原混战，蒋介石无力顾及“进剿”苏区和红军。信江军委主席方志敏、红军团长周建屏抓住时机，指挥红一团采用游击战术，向苏区外线出击。5 月 5 日，攻克反动派在弋阳、乐平两县边界设置的重要据点秧畈，全歼敌守军 1 个主力连，缴获长短枪 120 余支，这就是著名的“秧畈大捷”。之后乘胜攻克南界首、众埠、铁山、黎桥、文山等地，解除了乐平东南乡的地主武装，缴获长短枪 300 余支，从而开辟了乐平东南乡苏区。6 月，部队集中在弋阳芳家墩进行扩编，发展为 3 个营、1 个特务连、1 个机枪队、1 支驳壳队、1 支担架队，共

界首戏台全景

有步枪六七百支。7 月 6 日，红一团奇袭景德镇，全歼驻镇守敌，开辟了浮梁苏区，动员近千名瓷业工人参加了红军，为红十军的建立打下了坚实的基础。

1930 年 7 月，中共信江特委和赣东北特委合并组成赣东北特委，之后奉中央命令，以江西红军独立第一团为基础，吸收赣东北各地游击队和赤卫队的部分队员，编为中国工农红军第十军，全军指战员 1500 余人，枪 1050 余支。21 日整编完毕。22 日，建军典礼在乐平县南界首村戏台上隆重举行，周建屏任军长，军政治部主任吴先民代理政委。同时，中央指定方志敏、胡庭铨、周建屏、宣大统、李文滔、李杰三、李上达七人为红十军前委常委，胡庭铨任书记。方志敏专任苏维埃政府主席。

从此，界首戏台和祠堂作为红十军建军旧址，被载入光辉史册。

除了红色文化基因，界首还有着深厚的戏曲文化传统。

界首每次演戏，《赵氏孤儿》是必演剧目。原因便是界首人认为剧中程婴所救的孤儿，就是扶风马氏的始祖。界首作为乐平马氏最大的聚居地，对《赵氏孤儿》的感情就不难理解了：一是为了缅怀先祖，二是表达对程婴拯救赵氏孤儿即马氏先祖的崇敬之情。

此外，由于毗邻弋阳，界首也是研究赣剧乃至中国戏曲发展史绕不过去的一个坐标。清末民初名噪一时的饶河戏（赣剧前身）四大名班之首的马老义洪班，班主马元雨就是界首人。马老义洪班最早为专唱高腔即由弋阳腔演变而来的乐平腔的班社，后来吸收弹腔和昆腔，成为“三合班”。它在赣剧由高腔发展为高昆弹多声腔剧种的过程中，起到了承上启下的作用。同时这里还涌现过众多的饶河戏名角。著名丑角演员马元明就是其中杰出的代表。高腔戏《目连传》《三元坊》《张三借靴》、昆腔戏《渔家乐》、弹腔戏《九锡宫》《鸾腰带》《浪子收尸》《卖草囤》《卖梨换亲》都是他的拿手好戏。直到今天，界首仍然活跃着一批赣剧演员。

值得一提的是，界首还是乐平马灯戏流行的中心。马灯戏为乐平流行的剧种，清末民初由湖北黄梅采茶戏演变而来，鼎盛时期马灯戏演员的足迹遍布弋阳、鄱阳、景德镇等周边县市。白皮小旦、马蹄、花黄牯都是马灯戏名角。时至今日，界首仍然保存着最后一个马灯戏业余演出班社，保留了原生态的演出样式，成为戏曲的“活化石”。

铭刻着红色文化历史印记和浸染在戏曲文化浓厚氛围中的界首戏台，已经成为全国爱国主义教育基地和历史文化坐标，受到越来越多人的关注和景仰。

先祖
興旺發達

界首戏台赣剧演出场景

第七节　缤纷异彩——传芳戏台

传芳余家，位于乐港镇往南偏东两公里处。滔滔的乐安河水曲曲折折，不断变换着流向，从接渡到乐港，中间经过乐平市区，由南向北又转为自北向南，流成一个几字形，传芳余家正好处在几字左边那一撇的拐弯处，即乐安河西岸。明代初年，余氏从双田耆德至此建村，现已繁衍成 470 余户 2000 多人的大村庄。

关于村庄的得名，其实还是一个未解之谜。据《乐平地名志》载，因此地古有传芳堡，为与其他同为余家的村庄区分，故而得名“传芳余家”。未解之谜就在这个“堡”字上。有人说这个“堡”是用来防御敌人进攻的碉堡，这有点令人费解，因为将碉堡与“传播美名”联系起来，显然是说不通的。之所以出现这种说法，应该是对“堡”的读音字义不甚了解所致。“堡”除了通常所见的读音 bǎo，也读 pù，与“铺”通用。还有第三种读音 bǔ，就是用来表示围有土墙的城镇或乡村，那是不是说明在余氏建村之前，这里就有个围着城墙的村庄存在呢？眼下无从考究。

传芳余家抬头见山，低头见水，风景秀美，清澈见底的两湾池塘，长长的如飘带一般缠绕着村子。这里人文积淀也颇为深厚，仅从这几栋造型别致的民房就可见一斑。它们外形独特，不是通常意义上的对称格局，显得变幻莫测，勾起人们探究的欲望。

在这样的氛围里，传芳余家的戏台也就呈现出它的与众不同。

这座建于1909年的戏台，从构造和功能上来说，与浒崦戏台一样，都是与祠堂连在一起的晴雨双面台，也就是通常所说的鸳鸯台。但是从外部看过去，似乎没有浒崦戏台伟岸恢宏的气势，没有重檐，屋脊正中有宝顶，饰有一支方天画戟，宝顶两边各塑有三只走兽，造型简洁优美，线条流畅生动，似犬似鼬，尾拖地，头朝天，中间两只相向而立，两边四只背道而驰。屋脊两端高翘，如凤回首。青瓦覆顶，白灰勾檐，檐下是黄色护板。

传芳余家戏台演出场景

护板下也不见通常戏台上精雕细刻的祥禽瑞兽、戏曲人物故事，而是六幅彩色动物画，从左至右分别是“松鹤延年”“凤戏牡丹”“狮舞绣球”“灵猴献寿”“祥龙布雨”“鹿鹤同春”。每幅图中间有一木雕戏曲人物相隔。

戏台两侧各有一扇大门，为通向祠堂的通道。大门上方翘檐飘出，两边檐上各生长着一株野红参，使得整座戏台有了生机，巧的是野红参都长在翘檐外侧，恰好对称，浑然天成。檐下各题四字，左边为“塔影云烟”，右边为“禅莹泊水”。

从台侧的通道进入祠堂，就会发现，这里的平面功能和架构与浒崦戏台几乎如出一辙，都是由两侧通道、天井、正堂、享堂及晴雨双面台等部分组成。整个建筑占地面积 370 平方米，通面阔 15.5 米，进深 23.7 米。

雨台与正堂之间由天井和游廊相连，台的正面为四柱三开间，台前一排栏杆围住。两边游廊同样建有供显贵看戏的阁楼厢房。后台与廊厢交接处，戏台的檐柱支撑由额，并且连接厢房，巧妙而又合理。

上得台去才会发现，整个建筑都用矿物质颜料彩绘。彩绘大多装饰在梁枋、雀替、垂篮上，图案以几何图形与花卉为主。除了寿星和八仙等九个仙家外，还有两个凡人，一个是薛丁山，一个是樊梨花，其余的便都是龙凤狮虎马鸡鱼猴。这便是传芳戏台与众不同之处。还有一个不同之处就是，这座戏台没有藻井，只有色彩缤纷的天花板。

戏台上对联自然是必不可少的。“传神真宝镜，写意大文章”，“可做经史读，莫做等闲观”，道尽了戏曲艺术的特点并对其予以极高的评价，告诫人们看戏不可只当作娱乐；“众生皆为平等相，诸史都作如是观”，表达出众人平等的思想；“纵观今日难全是，细论前人未尽非”，启发人们要以客观的眼光看待过去和现在，不要求全责备，要以平常心面对现实。

雨台正对面便是祠堂的正堂。正堂正中高悬着一块匾额，上书四个大字“鹰宴传芳”，下面又有一块匾额，上书四个大字“家乘硕彦”，左后墙角有一面硕大无朋的巨鼓，擂之如雷，似乎在说着久远的陈年往事。

戏台的特点、彩绘以及楹联的内容，其实与主持建造者的人生阅历、处世哲学有着密不可分的内在联系。

据村里的老人们说，主持建造这座戏台的人叫“拂士”，大概取自《孟子》“入则无法家拂士”一语，可以看出这个人是很有抱负的，但村民把这两个字读成了“佛寺”。

“拂士”本名叫余翔灿。他高大挺拔，一表人才，天赋异禀，且吃苦耐劳。为了改变自己的命运，他硬是凭双手在村口挖了四口水塘，养鱼赚钱，之后又买了大片田地，转租给他人。天长日久，余翔灿富甲一方。

余翔灿是个很有追求的人。墨家、道家、儒家思想都对他有着很深的影响。他追求内外兼修，除了辛勤劳作，便是刻苦攻读。凭着顽强的意志，他遍读经史，参加科举考试，中了秀才。

对于有着雄心壮志的余翔灿来说，考取秀才只是功名之路的起点，他还有着更高的追求。就在他向下一个人生目标进军的时候，一个偶然的事件改变了他的人生选择。

那一年，在赶赴乡试的途中，一条河流挡住了他的去路。有河必有渡，但这个摆渡人有些蹊跷。余翔灿带着书童上得渡船，摆渡人却迟迟不肯开船。余翔灿不解，问摆渡人是什么缘故。摆渡人说，观你是个君子，气度不凡，但此行赴试恐功名无望，不如及早回头，以一己之才华造福乡里。余翔灿听摆渡人谈吐不凡，先是疑惑，后又释然，心想小隐隐于野，大隐隐于市，对方虽是摆渡翁，说不定真是个高人，于是决定放弃功名，中途折返。

回到家中，余翔灿广纳门生，设馆讲学，将自己平生所学传授给门徒。他有教无类、因材施教，培养了不少人才。他的学生中有不少人为官为宦，功成名就。

但余翔灿仍不满足，他决心要为村里人做更多的事情。

乐平向来戏风浓厚，建造戏台的攀比之风颇盛。一个村子没有戏台，村民经常跑到别的村子去蹭戏看，是很没面子的事。如果连祠堂都没有，那就更是在别的村子面前矮了三分，说话都没有底气。而要改变现状，往往需要村里有见识、有财势的人挺膺担当。财一大，气便粗，加上又有文才，又有钱财，有权威，能服众，传芳余家建祠堂和戏台的重任，便历史性地落在了余翔灿的身上。

余翔灿对乐平古戏台进行了实地考察，他决定建造一座既体现古戏台特点，又融入自己思想的建筑艺术品。与其他地方不同，传芳余家祠堂和戏台是统一规划、一同动工的。虽然在设计上借鉴了浒崦戏台的布局，但是在施工过程中，余翔灿提出了明确要求，只求简约，不尚浮华，无须精雕细刻，只要用颜料画上普普通通的花花草草、虫鱼鸟兽即可，至于人物，则只画寿星及八仙就足够了。对于余翔灿的要求，工匠们感到很是不解：既然按浒崦戏台的格局来设计，为什么在外形上要求这么简单？这甘于人后的做法，不仅不符合当时乐平人攀比的心态，似乎也不符合余翔灿的日常做派。

余翔灿的解释是：人，只有活得真实，才是最踏实的，与花花草草为伍，会觉得很舒坦、很纯净，也很自然。或许，在他的人生哲学里，健康长寿、自由自在才是人最值得追求的吧。寿星代表健康，八仙代表自由自在、各显神通。至于功名利禄，早已化成一缕云烟。所以在他主持建造的戏台上，看不到魁星点斗、天官赐福、百官朝贺等内容。更耐人寻味的是，戏台没有使用藻井。藻井是皇家和宗教寺院的专用装饰，

传芳余家戏台（新修）

或许在余翔灿看来，这终究是一个不可擅闯的禁区。

戏台上的彩绘虽然以花花草草、虫鱼鸟兽为主，但并不意味着余翔灿超然物外、不问世事。戏台上有一副对联“做作可认真演戏难瞒看戏眼，施为休弄巧牧民须具爱民心”，倒颇有“拂士”的口吻，警示为官从政者的意味显而易见。

从村民的叙述中，我们还可以体会到余翔灿为子孙计的良苦用心。崇尚简单，不仅仅是为了节约。任何一个精细的物品，如果对民生无益，那么，做的时候费心费力，其维护还给子孙们留下了难题。余翔灿觉得，前人没有必要让子孙把精力放在维护一个对民生无益的物品上面。

戏台内壁东西两侧，还有两幅戏曲人物彩绘，分别是薛丁山与樊梨花。从画风与使用的材料来看，显然是后人在维护时添加上去的。

历时两年，祠堂和戏台完工了。工匠们对余翔灿的意图虽然心领神会，但自己的技艺没有尽情施展，终归有些遗憾。余翔灿似乎看透了大家的心事，说："这样吧，如果大家觉得不尽兴，就再做一座神龛。"这神龛可是祭祀祖先和神灵的重器，做得越精致越好，酬劳按照整座戏台的工价支付。

工匠们自然非常高兴，大家都铆足了劲，把没能在古戏台上展示的精湛技艺全部倾注在神龛上面。神龛完成，果然精妙绝伦，实属罕见。可惜，这件精美的艺术品已经损毁，我们无缘得见，不能不说是一件遗憾的事。如今，有关传芳余家戏台的故事及其独特的美学价值，依然为人们所津津乐道。传芳余家戏台也因为融入了以佛修心、以道养身、以儒治世的内涵而在众多乐平古戏台中独树一帜。

第八节　石墨奇谭——余家戏台

镇桥埂上余家，又名石墨里，因村边的石墨潭而得名。族谱称其"泗水余家"，因为石墨里余氏先祖自山东泗水一路迁徙，先落户鄱阳，后世又落户乐平双田耆德，后又迁到乐港鸣山。

在余氏迁到镇桥石墨里之前，这里是程姓聚居的村庄。由程家变为余家，民间流传着一个有趣的故事。

清代康熙年间，一个余姓村庄没有学堂，孩子们上学要渡过乐安河到对面的涂家埠村。话说有一个余姓小后生，上学路过程家村，恰好遇见一家金店开张，金店的程老板见这余姓后生相貌清奇、文质彬彬，便

埂上余家戏台

想试试他的才学，于是借开张顺口说出上联：新店新开新气象。余姓后生脱口而出：大家大主大规模。这程老板一高兴，当即将女儿许配给他，只是有一个条件，那就是必须入赘。于是这个余姓小后生便在石墨里定居，这后生便是石墨里余氏族谱中记载的发祖良三公。

余家村绿水环绕，风光秀美，除了一条叫龙塘的小港外，便是石墨潭。大凡有水的地方就有灵气。茂密的草木恣肆地泼洒着绿意，空气中弥漫着浓浓的青草气息。石墨潭就被围在这绿色之中，如同一个襁褓中的婴儿。它不算很大，却似乎很懂得如何展示自己的魅力。它并不太长的躯体，悠闲地展示着曲线之美，不从空中俯视的话，是无法一眼看到它的全貌的。无风的时候，静静的水面没有一丝涟漪，就像一块绿宝石，看得人心里仿佛也是透明的。潭的对面，是一片小山包，潭水就是从那里流出，流过不算很长的路，跳下一个不算很高的台，就在台下形成了这个潭。潭底有着厚厚的青苔，这使得并不算很深的潭水看上去墨绿墨绿的，仿佛深得令人莫测。

石墨潭其实还有另外一个名字，叫石马潭。如果说石墨潭带给人们的是诗意，那么，石马潭带给人们的就是神秘，或者说神奇。中国的乡村文化很是有些神秘色彩。据说，当年潭边有一匹天然生成的石马，守护着这方福地。道光年间翰林石景芬曾经为这匹石马题写过这样一首诗："此马为何落此洲，不知到此几千秋。眠花餐露披云雾，天作栏杆地作础。"只是，这个大自然的杰作，很多年前就已被损毁。

村里的长者说，想重新建造一匹石马。不知道是为了赶时髦吸引游人，还是期望石马继续守护着石马潭，抑或让它看护着人们的灵魂？

每个村子都有一个安放灵魂的地方，比如一棵树，比如一座庙，比如一块旗杆石。而余家村里的戏台应该就是人们灵魂的栖息地。

进得村来，戏台不是马上就能看得到的。村边是一个早已完成使命的石碾，硕大的碾轮静静地躺在地上，仿佛向人们诉说着陈年往事。

距石碾不远，是一口古井。村里的老人说，这口井开凿于康熙年间。开凿的时候与其他水井不同，不是直上直下，而是斜斜地挖出一条长长的通道，待发现泉眼，然后用麻石砌成井圈。

距水井不远，便是古戏台了。古戏台为清乾隆晚期建造，坐南朝北，砖木结构，东西两侧为青砖硬山三垛风火墙，台口高 1.6 米。主体为混合式木架构，歇山顶。面阔四柱三间，台口月梁用材硕大，雕刻精美，刀法细腻，线条流畅而清晰，画面圆润而饱满，内容主要有魁星点斗、刘海戏金蟾等神话故事。中间为戏文人物，两侧以云龙纹装饰，端部也以戏文人物辅助装饰。月梁上额枋中部饰有狮子戏绣球，两侧各饰有凤鸟花草。月梁中间各刻两个字，分别是“古韵”“新声”，很显然，这是今人随着时代的变化而更换的，据说原来是“莺歌”“燕舞”四个字。月梁下用雕花雀替，台中间上下场门上部饰雕花枋。

戏台正中匾额上四个大字与众不同，写的是“曲咏一场”，透着一种随性、典雅和从容。台面游梁上方雕刻着精美的图案，两边柱子上照例写有对联。一副是“泗水竟教鱼出听，笙箫可引凤来游”，巧妙地嵌入“泗水”，结合石墨潭绕村的特点，描绘出一种优美的意境。另有一副长联“舞台梁柱不寻常雕龙凤刻图像恍似琼楼玉宇引人入胜，梨园弟子尽优良善戏曲会化妆扮演才子佳人出口成章”，道尽戏台的富丽堂皇和戏曲演出的精妙绝伦。

戏台屋脊上原来悬挂着宝葫芦顶的地方空空荡荡，一条纯银打造的锁链在阳光的照射下闪闪发光、夺人眼目。那是用来固定宝葫芦顶的，只是宝葫芦顶被人盗去，不知流落何方，村人每说及此，无不唏嘘慨叹，谴责人心叵测。

上得台去，后台正中板壁上有一段演出记录，是1998年乐平市南岸余家业余剧团演出留下的。演出剧目除常见的《黄鹤楼》《九件衣》

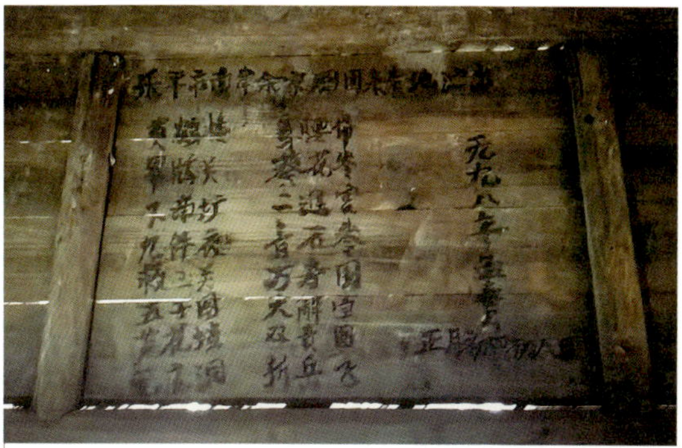

乐平市南岸余家业余剧团演出记录

镇桥埂上余家村万年台演出场景

《芦花荡》等，还有《青石岭》《界牌关》等今天难以再看到的剧目。这段记录透露出三个信息：一是直至20世纪末，乐平民间依然活跃着业余赣剧团；二是印证戏台和赣剧演出有时是同姓之间联络感情的纽带；三是一些今天已经不见于舞台的赣剧传统经典剧目，至少在并不遥远的二十多年前依然保留着。这是一份珍贵的历史资料，说明20世纪末农村还有民间戏班子活跃着！

在乐平近500座戏台中，余家戏台，有着不同寻常的传说。

据说余家戏台建成之后，飞檐翘角，直指蓝天，势不可当。但是，接下来的几年时间，村子里接二连三没了几个年轻力壮的后生。村民们一时陷入恐慌之中，于是找了一个风水先生查找原因。这个风水先生认为，戏台的建造地确实是块风水宝地，也确实能为村里镇邪压祟，但屋顶的飞檐翘角过于张扬，这才招致祸患。于是，人们不得不将戏台上的飞檐翘角锯掉，希望用屋顶的平坦换得一村的平安。这样一直保持了很多年，直到今天，借戏台重修之机，才重新给戏台安上了飞檐翘角。戏台这才插上了腾飞的翅膀，恢复了一飞冲天的势态！

这个传说固然与现代科学相悖，但很好地说明了遍布乐平全境的古戏台在当地村民心目中至高无上的神圣地位。

余家戏台没有与祠堂连成一体，不是传统意义上的祠堂台，而是万年台，而祠堂就在戏台正对面。在这之前，乐平乡间流行的是祠堂台，戏台与祠堂连成一体。而余家村戏台与祠堂的建造，开乐平乡间戏台与祠堂分开建造的先河。这也正是余家戏台被评为省级文物保护单位的重要原因之一。

祠堂为清乾隆早年建造，坐北朝南，同样为砖木结构，青灰砖外墙，东西两侧为硬山三垛风火墙，内部为四柱三间混合式木架构，屋顶为前后披露明造。祠堂内倒圆角金柱断面呈方形，是典型的清代早期建筑风格，柱下石础未加任何装饰。檐柱并不粗大，仅起支撑作用，石础同样未加装饰。

据族谱记载，这座祠堂的原料是从附近的桂家村买来的。桂家村是一座小村落，现早已消失在历史的尘烟之中。余家村将原先的祠堂拆掉重装，并在原来的基础上扩大和美化，房梁和屋柱粗大结实，梁枋之间雕刻着精美的图案。令人费解的是，祠堂正中央上方除悬挂着巨大的始祖夫妇的画像外，画像下方的香火桌上却供奉着明代开国大将胡大海的画像。村民将胡大海奉为保护神，甚至帮孩子取名字都要在余姓后面加一个“胡”字。个中缘由，连村里的老人也不得而知。

这真是一座神秘的戏台，它正等待着人们去观瞻，解开它身上无尽的谜题。

第九节　千秋雅鉴——龙珠戏台

双田镇龙珠村地处乐平市远郊，交通十分便利，距城区九公里，离 206 国道仅两公里，景鹰高速公路离村庄不远，乐涌公路穿村而过，把村子分成南北对称的两部分。

村子坐落于丘陵地带中部，四面为平坦的稻田，土地肥沃，水源丰富，自古以来便有“上有山下源，下有龙珠田”之称，是乐平北乡人烟阜盛、生活富庶的大村之一。

这是一个从村名到传说都令人神往的村子。村人虽然都姓徐，却来自不同支系，即“东海徐氏”和“南州徐氏”。据《东海徐氏宗谱》记载，宋嘉定年间，徐氏由鄱阳皇岗迁此建村；《南州徐氏宗谱》记载，北宋时期，徐氏从石砚山迁来此地。因祖墓形似“蟠龙戏珠”，所以村子便得名“龙珠”。

虽然来自不同支系，但终归是一个姓氏，全村千百年来和睦相处、繁衍生息，共同创造着龙珠的光辉历史与灿烂文化。

龙珠村现有1100多户，其中400多户为南州堂分支，700多户为东海堂分支，共6000余人，分为前山、上脑、中脑、下脑和对门等片区。对门片区居住的便是南州堂一脉。

走进村子，处处可见历史陈迹。村中有一条小巷，短小狭窄，名叫海井弄。巷中有一口井，看上去很普通，井圈呈四方形，由四块长条形的石块砌成，井壁则为圆形，寓意是“天圆地方”，井边有一块千斤重的圆形巨石，村人叫它镇鼋石。虽然井边常有人洗衣洗菜，齐墙根污泥浊水不断，但是，即便是炎热的夏天，这里也看不到一只苍蝇蚊子蟑螂。据说这跟镇鼋石有关。别看这小小的海井弄很不起眼，它却蕴藏着一个神奇的传说。

相传古时候，磻溪河里有鼋妖作怪，鼋妖经常兴风作浪，祸害庄稼，咬死猪牛，甚至抓童男童女。村里有个叫徐大汉的，天生神力，饭量惊人。直到今天，龙珠村还流传着一句俗语“徐大汉，吃饭吃斗半”。这徐大汉得到一本无字天书和一把宝剑，又得神人传授法术和武功。等到鼋王带着群鼋又一次兴风作浪时，他奋勇跃入磻溪河，杀死了鼋王。雌鼋却化作一阵风，从井里逃走了。三天后的晚上，徐大汉刚睡着，就见一个怪模怪样的人进来，说是君王有请。徐大汉跟着他上了一辆车，那车即刻冲着井底驶去，转眼间来到一座金碧辉煌的宫殿，上面写着“水晶宫”三个字。徐大汉这才知道，这口井直通东海。他朝上一看，东海龙王愁眉苦脸地坐在上方。从龙王的口中，徐大汉得知那雌鼋逃到东海，要抢夺龙王的宝座。东海龙王几次派虾兵蟹将与雌鼋交战，均被打得脚断须残。正无计可施，手下鲤鱼将军打听到这雌鼋是徐大汉手下败将，就派蟹将请他来到龙宫，捉拿雌鼋。经过三天三夜的厮杀，徐大汉终于斩杀了雌鼋。龙王以奇珍异宝答谢，徐大汉却只要了龙宫前一块千斤巨石，用手轻轻一提，从原路返回，出得井口，顺手将巨石放在井边。从此以后这里年年风调雨顺，太平安然。人们把这口井叫“海井”，把井边的巨石叫“镇鼋石”，这条小巷自然就叫“海井弄”了。

龙珠戏台

神奇的传说，彰显着龙珠人的勇敢与智慧，也沉淀着厚重的历史与文化。龙珠戏台与祠堂就是历史与文化形象的外化。

虽所属支系有异，龙珠徐氏同居一村，既和睦相处，又脉络分明。明清时期，乐平戏曲兴起，戏风日盛，各地戏台蜂拥而出。龙珠徐氏各分族也曾建有三座古戏台及祠堂，其中两座戏台因年久失修，加上 20 世纪 70 年代遭遇火灾，不幸损毁。祠堂也于同时倒塌，后虽然重建，但已不复往日姿容。现在仅存的龙珠古戏台位于龙珠村中部，为前山“东海徐氏”一族所建。

翻开《东海徐氏宗谱》，龙珠基址全图及文字记载清楚地告诉今天的人们，清代光绪甲戌年间，祠堂与戏台同时兴建。村里的老人们说，那个时候为了建造北乡最出色的祠堂与戏台，族人不惜代价，耗资五千多两白银，特地从各地延请七十余名能工巧匠，计工不计时，精心建造。前后历时三年，方才竣工。

有台必有戏，有戏则有魂。龙珠村兴建戏台，不仅请外面的戏班演戏，还组建了自己的饶河戏班，一有乐事便登台演出，赏心悦目。戏班自民国时期一直延续到新中国成立以后。全族上下对戏台时常精心呵护，这才有了这座古色古香的龙珠戏台。

龙珠古戏台坐北朝南，总占地面积 108 平方米。台基为干栏式构架，台板为木质，每块宽 6 厘米，纵向铺设。重檐歇山两面坡台顶，顶脊中央安放着一只三级朱砂宝顶，上插相轮式寿字铁刹，如同美人头上的装饰，在蓝天下显得玲珑轻盈、剔透灵秀。两级重檐，向两边延伸的翼角灵动柔和，如大鹏展翅，仿佛随时直上九霄。翘角下檐，为左右对称双八字形戗角，使台面开阔端庄。两侧墙体为三阶起翘风火墙。台正面四柱三开间，中位明间开阔，达 11 米，进深近 7 米。梁枋楼阁式台面呈三

“表孝”“扬忠”扇形木匾

叠结构，所有立柱用黑漆罩面，梁枋则多用暗红漆涂底，雕花图案均为刷金装饰，尽显富丽堂皇。檐柱斜撑装饰着对称的鸳鸯构件，呈现出一种和谐恬静的态势。台口枋以及承托等处采用浮雕、透雕、镂雕、圆雕等技法，雕刻出各类喜庆图案，主梁中位是戏剧人物浮雕，两侧雕以双凤朝阳陪衬，台梁上枋额饰以深浮雕双龙戏珠，凸显出台面工艺装饰的张扬和霸气，同时又隐含着村名。飞檐下翼板处也雕有鸟兽、人物图案，左右侧间枋上雕着戏曲故事和神话传说等图案。枋柱交接处大都装饰着雕花雀替。台内正中枋上挂有“千秋雅鉴”木匾，意指精湛的戏曲艺术可以经得起时间和世人的检验。顶棚中央为螺旋式藻井，用红绿两种色调装饰旋转式斗拱，藻井悬四垂花。两侧顶棚为浅盝顶形，绘有花鸟鱼虫，洋溢着生活情趣。内壁四根金柱之间悬挂“表孝”“扬忠”扇形木匾，表现出龙珠人对儒家忠孝文化的推崇与信仰，匾下置拼花隔扇，嵌雕人物花板，纵向枋亦有雕花图案，置鸟形雀替。整座戏台端庄典雅、庄严肃穆、气势恢宏。

2012 年，清华大学古建筑专家参观后，曾经赞叹道："这是一座原汁原味、高端大气的民间建筑工艺品。"

龙珠戏台较有特色的还有一处，那就是楹联非常多。这些楹联构思精巧，联语从四字句到十五字句不等，或谐趣横生，或怡情养性，或揭示人生哲理，令人回味无穷。

"行及时乐，偷半日闲"，上联巧妙地化用"及时行乐"，把人们忙里偷闲看戏寻找快乐的心态描绘得淋漓尽致。这是一种热爱生活的乐观态度。"幻出神仙乐境，奏来山水清音"，吟咏的是戏台上演员表演营造的美妙意境与村子的自然山水和谐地融为一体。"不是古人真面目，皆为今日假须眉"，将戏曲形式的表现与深刻内涵高度概括，似嘲似讽，引人深思。"得势岂无失势日，上场终有下场时"，告诫人们人生如戏，得意时切莫忘形，任何时候都要留几分清醒。"成败兴废皆有迹，是非功过岂无凭"，借评戏说人生，饱含哲理，极富警醒意味。"看完了大家慢走，做得好明日再来"，这纯粹是待客之道了，温馨关切的话语明白如话，村民的热情表露无遗。"人物纵非真无人嫌假，事情多不假凡事认真"，意思是说戏中的人物可能是虚构的，但是没人觉得虚假，因为戏曲来源于生活，劝诫人们凡事都要认真对待。不得不佩服撰联者高超的语言艺术，把戏曲艺术的真谛和教化功能总结得恰如其分。"心术不可得罪于天地，言行要好样留与儿孙"，这是告诉人们做人要光明正大，要对天地有敬畏之心，一言一行都要成为儿孙的典范。"得意休夸不管开场怎样，失势莫怨但观结局如何"，这副对联给人的启迪更大：人生没有起跑线，喜剧开场不一定喜剧收场，悲剧开端未必有悲剧结局，遇到挫折不要抱怨，要学会审时度势，静观其变，心态好自然会有好的结局。“绘声绘影绘出古人真面目，争城争地争回汉室旧江山”，借台上演戏，诉家国情怀，体现的是一种爱国之情。

如今的龙珠村，如同这飞扬的戏台一样，向着美好的远方飞翔。

第十节　万古流芳——戴村戏台

洺口戴村位于乐平东南部，坐落在乐平城区往东方向 49 公里的三水交汇处。有一句话叫作“流三千，戴八百，走到洺口着一吓”，这是形容村子之大、人口之盛的。流指流芳，戴指戴村。流芳自不必说，号称“江南最大的自然村”，百余年前，就有两三千户一万多人了，洺口村也有一千多户五六千人，而当时的戴村有近千户三四千人。到今天，戴村已经发展到一千五百余户六千多人。

戴村又称“洎口戴村”。洎口，洎水之口，发源于婺源的婺水和发源于德兴的洎水，分别从东北和正东方向汤汤而来，在这里交汇。婺水不紧不慢，施施然，被戴村人称为阳水；洎水奔腾雀跃，冲刷着丹霞山，被戴村人称为阴水。阴阳调和，交汇后成乐安河，又漫展开来，向鄱阳湖而去。因为婺水中的婺有着浓重的徽州属性，而乐平与德兴历史上曾经为一家，故乐安河在乐平段依然延续了洎水的别称，戴村虽非乐安河源头，但作为乐安河的开端，于是便有了洎口之名。又据闻，戴村曾为乐安乡亭，乐安河因此得名。

实际上，戴村也是乐平作为行政区划的开端。东汉灵帝光和元年（178），乐平置县，县治银城堡，就在今天德兴境内的银城街道。兴平二年（195），改乐平县为乐安县，县治西迁乐安乡洎口，便是今天的戴村。

南朝陈天嘉元年（560），废乐安县，太建十三年（581）以乐安旧地置银城县，县治仍在洎口。隋开皇十年（590），废银城县，唐武德四年（621）重置乐平县，县治依然在洎口。洎口虽然不是历史上最早的乐平县治，但从今天的乐平区域看，洎口是境内最早的县治所在地。乐平县三立三废，历经四百多年。

正是有了这一段辉煌的历史，今天的戴村古风留存极盛。洎口的原居民不是戴氏，而是金氏家族。宋祥符年间，戴氏自黄柏源迁居于此，开枝散叶，其势勃勃，或许金氏感到风水逆转，于是他迁，戴氏便定居于此，改金中园为戴坊村，简称戴村。一座风韵遗存至今的千年历史文化名村就此真正肇始。

戴村自然环境得天独厚，三面环山，一面临水，婺、洎二水交汇而成的乐安河自东而来，向南拐个优美的弧线，又蜿蜒西去，交还滩、城隍滩成了天然的堰坝，使得河面宽阔，水流变缓，清澈见底。诚所谓人因地而杰，地因人而灵，戴氏自古以来就重教兴学，因而历朝历代人才辈出。

戴村是乐平教育的起始地。历史上，这里曾开设过天麟公塾、西塾书院、培公塾、宝兴寺书院、城隍庙洋学堂等。而我国著名的数学家戴良谟，更是乐平现代教育的开山祖师。

戴良谟，又名远猷，1901 年出生，1921 年毕业于南京东南大学，师承竺可桢、吴有训、熊庆来等著名学者，专攻数学。1926 年 8 月回到家乡，担任乐平县教育局局长，创办了乐平中学并担任数学教师。

戴村还是乐平保留浓郁饶派建筑风格的古村落代表。

走进戴村，青石古巷，曲径幽幽，仿佛穿越了千年时光。仔细留心就会发现，在戴村找不到一个十字路口，街道小巷组成的全是丁字路口，正是这一个个丁字，曾经将许多古建筑串成一座迷宫。在村谱

叙伦堂

中的阳基图上，标注着曾经存在过的许多古建筑：城隍庙、七星堂、大京兆坊、钟鼓楼、周王庙、东岳庙、古关帝庙、百岁堂、孝子牌坊、儒公牌坊、贞节牌坊、八角亭等。这些古建筑在岁月的风雨冲刷下大多荡然无存，但是村内依然完整保存着两座老祠堂、两座老戏台及十余座明清时期天井式古民居院落。从这些建筑的青砖黛瓦、雕梁画栋、精美的雕花门窗和画屏来看，不难想象那些消逝的古建筑，当年是何等的气势恢宏。

首先我们可以见识一下上房祠堂，也就是时进公祠。倒不是因为长幼秩序，实在是这座祠堂建造得太精美了。时进公祠坐落在中上村，坐北朝南，整个建筑占地面积约1400平方米，其中祠堂约1100平方米，祠堂对面的戏台约300平方米。祠堂与戏台浑然一体。

清咸丰十一年（1861）《谯国戴氏洎口时进公房谱·复插冬至会序》载，乾隆五年（1740）鼎建祠堂，乾隆十四年（1749）始建大堂寝堂，嘉庆五年（1800）始建戏台。

时进公祠

时进公祠为六柱五间三楼式构架，三重檐歇山顶，立柱漆成朱红，牌面上雕刻的龙凤图案精巧细腻，从中依然可以看出当初的富丽堂皇，进门处牌楼的匾额上写着“时进公祠”四个金色大字。木门已经有些斑驳，祠堂内部的墙面和石柱也已经被岁月浸染得有些许泛黄褪色。

祠堂很深，分上、中、下三堂，顶楼分一楼、二楼、三楼，前堂与中堂之间的两旁长廊立柱上雕刻着盘柱金龙，各种精细浮雕显得十分壮丽。中堂屋柱都是采用香樟木、香檀木、楠木等材料，最为粗大的香樟木大梁，估计要三个人才能合抱。天井两边是双层结构，四周石柱和石碑雕刻着精美的吉祥图案。地面为回字形，互相贯通，两边悬着雕栏回廊。越过天井，大厅正中悬着金字匾额，写着“叙伦堂”三个字。

上房戏台

据村民说，这座祠堂曾经被战火烧毁过，现在看到的是 1945 年至 1948 年重修的。

祠堂对面，隔着一个广场，便是戴村上房戏台，这是乐平地区最早独立于祠堂的戏台，也就是万年台。戏台坐南朝北，与祠堂在同一条中轴线上正对，这种布局据说是为了合族平安。祠堂与戏台中间的这个开阔的广场，是供人们观戏的场地，可容纳三千余人。戏台正立面为六柱五间三重檐歇山式，与祠堂正好对应，只是从正面看上去，比祠堂多了高高的台基。戏台台口高 3.35 米，台面高 1.53 米，通面阔 10.7 米，通进深 8.2 米，正脊高 9.53 米，翼角高 8.93 米。戏台山墙为拱背形，宛若游龙，龙背形的弧面用青灰瓦叠铺，透着一种律动美。戏台正脊、垂脊、戗脊为镂空青花瓷花脊，正脊中央安放着五级彩瓷宝葫芦，葫芦顶上为三支戟，既驱邪去煞，也喻示“连升三级”。

戏台上方为斗八盝顶形藻井，藻井中央是八卦图案，镂空式垂花。两边立柱镌刻着金色楹联：“世鲜知音古调不谐俗调贵，人宜放眼上场虽易下场难。”这副对联借戏说事，意味深长，上联表面上说的是戏曲声腔更新换代，古雅的曲调不被人接纳，现下流行的声腔却备受推崇，实际上是感叹人世间知音甚少，世风日下，人心不古；下联表面上论述演戏出场时要想到怎么下场，实际上告诫人们要将目光放长远，不要因为留恋眼前的风光而忽视了自己的后路。演出区深处的屏壁为六柱五间，正中木匾上是黄底黑字“以古为鉴”，两旁挂匾上

戴村中房戏台

分别为“日月”“星斗”。月梁下为两次间出入口，与出将入相门相通，出入门均做成拱门，雕刻着祥云花草图案。月额中央雕刻戏文。

中房祠堂又叫炎公祠，坐落在中下村，坐北朝南，青石砖木结构，典型的“四水归堂”平面布局。据《泊口戴氏中房宗谱》记载，祠堂竣工于清乾隆晚期。炎公祠内立有一方石碑，刻着“不准戏子在祠堂内落地睡觉”字样，落款是“大清道光十一年”。祠堂门楼为四柱五间二重檐歇山顶，正中写着“炎公祠堂”四个字，下面还挂着一块“状元及第”匾额。两边回廊空置，没有厢楼，后厅的布置则与上房祠堂类似，天井的石栏上雕有龙凤花鸟，羽毛纹理非常清晰。边廊卷棚丁头栱为对称的双狮。祠堂正厅轩顶为抬梁式和穿斗式相结合，两道月梁穿柱，月梁纹饰雕刻精细。二十根巨型青石柱，由人工精心洗凿而成。

祠堂对面，即为中房戏台。戏台坐南朝北，正对祠堂大门，戏台建于嘉庆十四年（1809），与祠堂同处于一条中轴线上，中间为面积约1000 平方米的坪场。戏台立面为四柱三间重檐歇山顶，面额上写的是“游目骋怀”四个金色大字。戏台台高 1.53 米，台口高 3.4 米，总阔 11 米，通进深 7.6 米，正脊高 8.49 米，翼角高 9.4 米。台口枋雕刻卷草纹和戏曲人物图案，有“天官赐福”“西游记”及“渔樵耕读”等。台口枋下的雀替以神话人物为装饰图案。台中央为平顶棚，只用横梁间隔出假藻井，附贴八卦图案。台上有两副对联，一副是“苦辣酸甜似虚似实，喜怒哀乐非假非真”，慨叹人生百味；一副是“闻曲赋韵笙歌色铿，入音克谐律调声平”，感慨不按规矩行事，就会招致失败。还有一副长联“此间风物不殊集史大成笑谈古今兴替，何处楼台观止让君小住漫评天地沧桑”，倒是一副高谈阔论的洒脱姿态。

2018 年 3 月，戴村上房戏台被列为第六批江西省文物保护单位；2011 年 6 月，戴村中房戏台被列为景德镇市文物保护单位。